かもうよしこの

子どもと田舎暮らし

〜[illegible]のおはなし〜

よしこばぁば

田舎暮らしを愉しみ、
農ある暮らしを教えてくれる
スーパーおばあちゃん。

りのちゃん

よしこばぁばのお手伝いが
大好きな小学4年生。

じぃじ

りのちゃんのおじぃちゃん。
そば打ちと、田舎暮らしの達人。

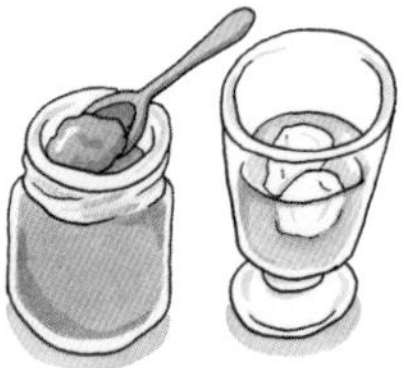
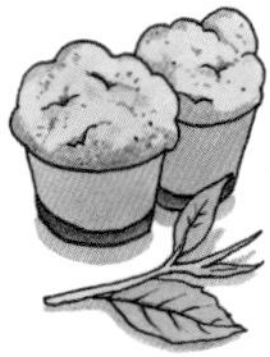
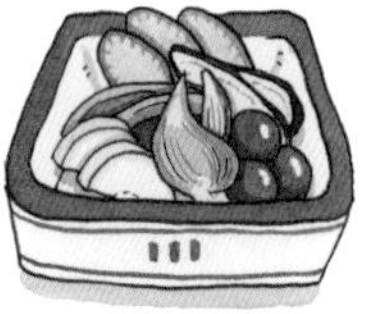
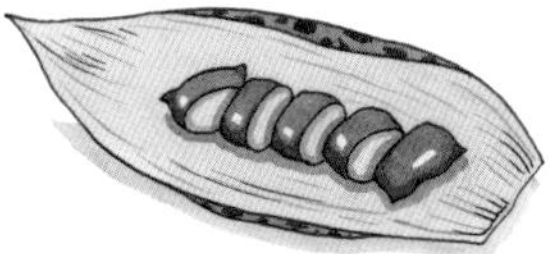
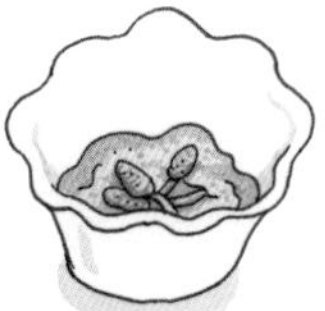

もくじ

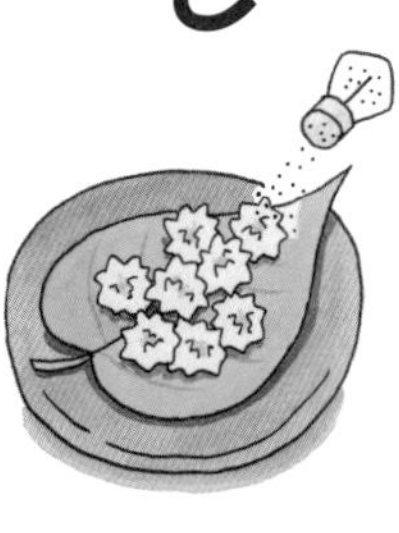
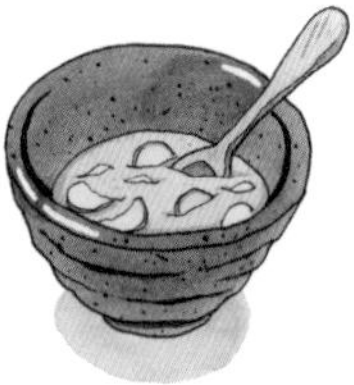
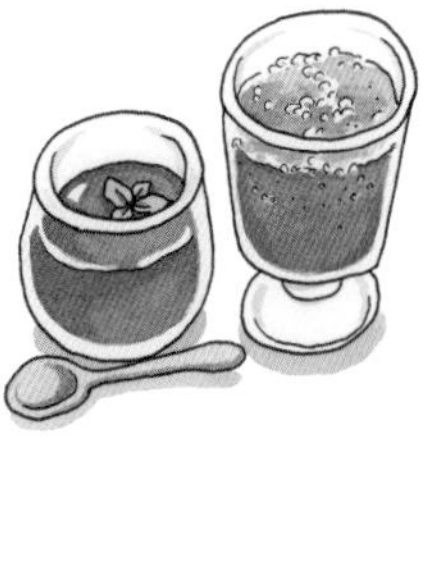
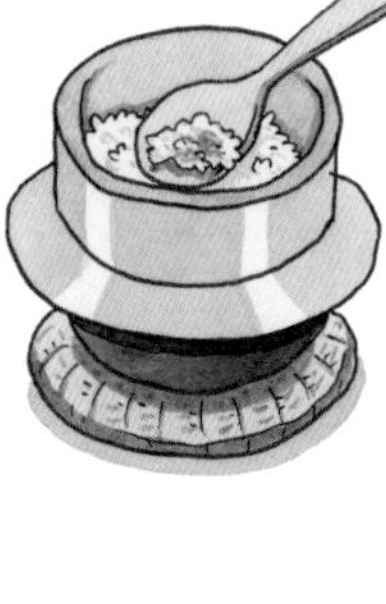
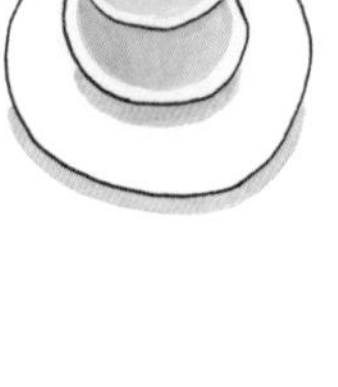

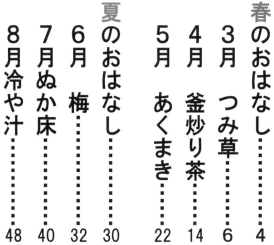

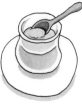

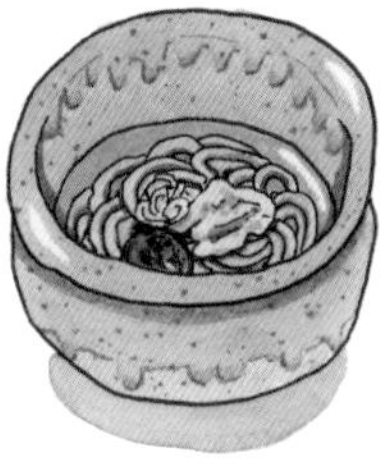

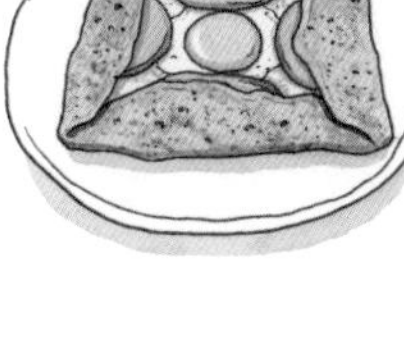

春のおはなし

ばぁばの子どものころ、春の野山は楽しい遊び場だったのよ。
田んぼのレンゲや山でツバキの花をつんで髪飾りを作ったり、ままごとをして遊んだの。
遊びつかれたら、野イチゴやちょっぴり酸っぱい草・スイスイゴンボ（スカンポ）を食べたのよ。
今のようにおやつをお店で買うのではなく、野山にたくさんあったの。

ヨモギをつんで帰ると、ばぁばのお母さんがヨモギだんごを作ってくれたのを思い出すよ。おいしかったなぁ
でもね、あのころままごとで紫のジュースにしていたツユクサが今あまり見られないの。
一三〇〇年前に書かれた「万葉集」の本にはつき草（色がつく）と言われていたツユクサが外国から来た草（外来種）に変わってしまった。
地球温暖化や環境の変化で日本に昔から生えている草（在来種）が消えていくことを、ばぁばはとても心配しているよ。

3月 つみ草

春がきた！
はじめまして。わたしは、りの小学4年生。
霧島山《きりしまやま》のふもと、宮崎県の都城《みやこのじょう》という所に住んでいるよ。

わたしは料理することが大好きで、よしこばあばに この地方に伝わる郷土《きょうど》料理《りょうり》を教えてもらってるんだ。
よろしくね！
ばあばの畑ではいろんな野菜が採れて、いつもそれでおいしい料理を作ってくれるんだよ。
これからみんなもわたしといっしょに、よしこばあばから都城《みやこのじょう》の郷土《きょうど》料理《りょうり》や昔ながらの知恵を教えてもらおう。
そういえば…
「つくしは食べられるよ。」ってばあばが言ってたから、食べてみたいなぁ。

それじゃあ、山でつみ草をしよう。
春の陽気で芽を出した野草を食べてみよう。
あっ！ふきのとう
ふきのとうは、冬眠していた熊が穴から出てきて最初に食べるもの。
見つけた〜
ふきのとうの苦味には、冬の間体にたまった脂肪や毒素を出してくれる働きがあって、眠っていた体を目覚めさせてくれるんだよ。
熊の目覚ましと言われているよ
わたしたちも同じ動物。冬の寒さでちぢこまっていた体を目覚めさせよう。
うん。

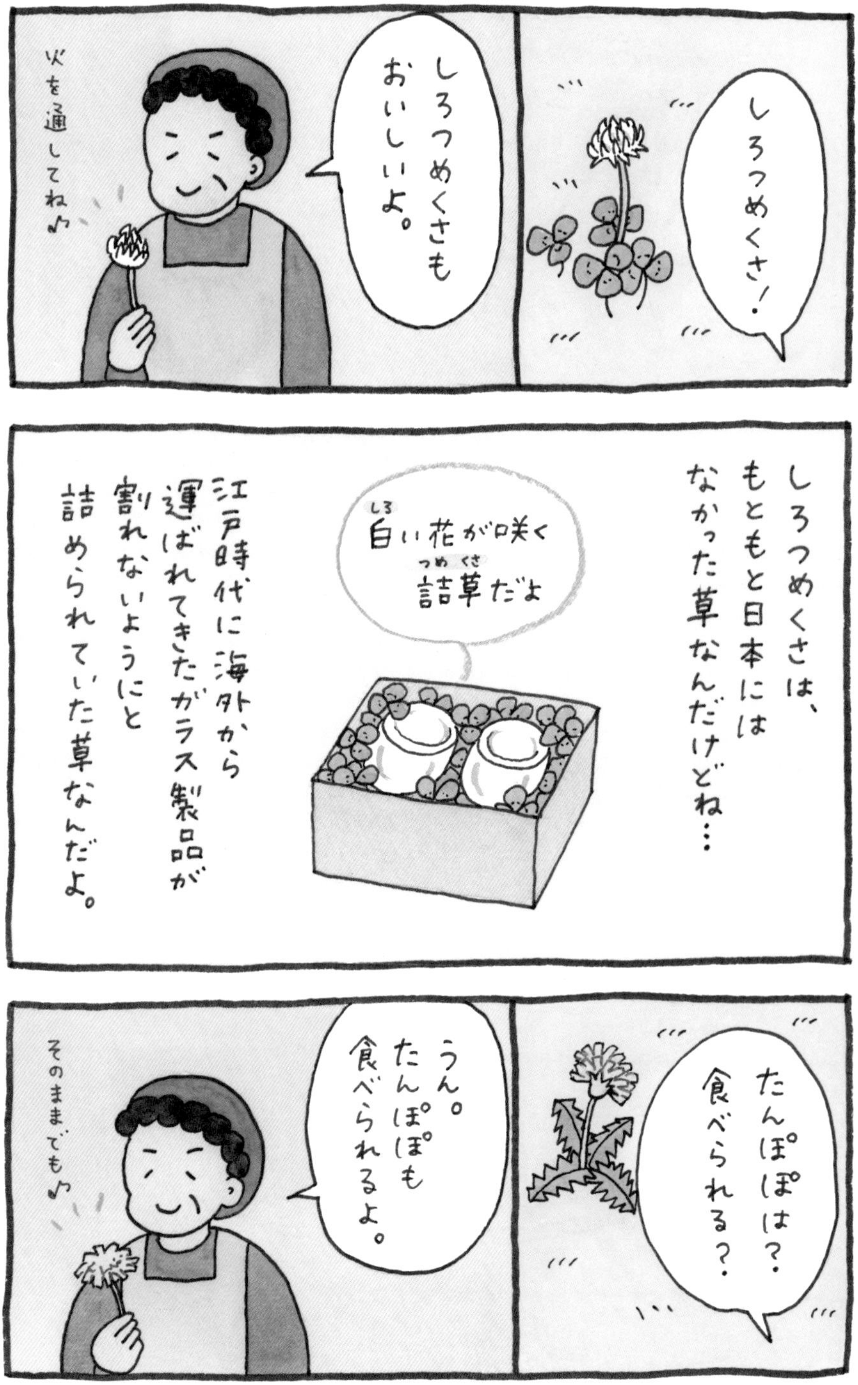
しろつめくさ！
しろつめくさも
おいしいよ。
火を通してね♪
しろつめくさは、
もともと日本には
なかった草なんだけどね…
白《しろ》い花が咲く
詰《つめ》草《くさ》だよ
江戸時代に海外から
運ばれてきたガラス製品が
割れないようにと
詰められていた草なんだよ。
たんぽぽは？
食べられる？
うん。
たんぽぽも
食べられるよ。
そのままでも♪

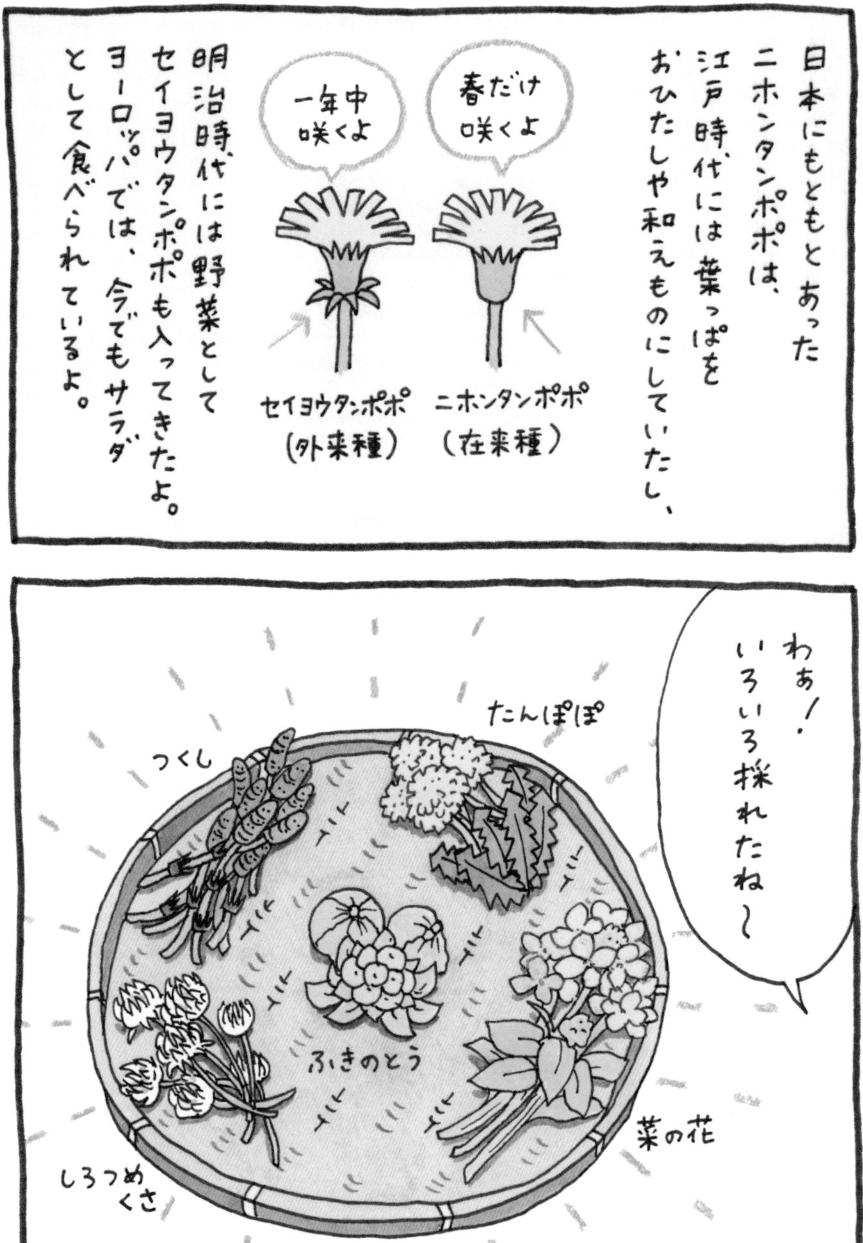
日本にもともとあった
ニホンタンポポは、
江戸時代には葉っぱを
おひたしや和えものにしていたし、
春だけ咲くよ
ニホンタンポポ（在来種）
一年中咲くよ
セイヨウタンポポ（外来種）
明治時代には野菜として
セイヨウタンポポも入ってきたよ。
ヨーロッパでは、今でもサラダ
として食べられているよ。
わぁ！いろいろ採れたね〜
たんぽぽ
つくし
ふきのとう
菜の花
しろつめくさ

さっそく料理しよう。
はーい。
人の口に合うように改良された野菜とちがって、野草はアクが強くてそのままでは食べられないものもあるよ。
だから野草は、採ったらその日のうちにアクぬきをしよう。時間がたつとアクが強くなるけどね……
またね～
それは、昔から「草の魂が山に帰るから」だと言われているよ。
道ばたに生えてる草が、食べられるなんて知らなかった！
おいしい！
少しほろ苦い春の味を楽しんでみてね！

つくしの卵とじ

材料
つくし
3つかみ位
卵
2~3コ
塩
ごま油
しょうゆ
大さじ1
みりん
大さじ1
みりん
つくしを洗って
はかまを取る
ゆでる
水にさらす
炒めて味をつけ
とき卵を入れる
ふたをして煮る
ほろ苦い春の味

しろつめくさの天ぷら

材料
しろつめくさ
米粉
大さじ2
水
大さじ2
油
塩
花だけ取って洗う
米粉と
水を混ぜる
花に
衣をつける
油で
揚げる
塩をふって
めしあがれ！

4月 釜《かま》炒《い》り茶《ちゃ》

♪夏も近づく八十八夜
野にも山にも
若葉がしげる
八十八夜は、立春から数えて88日目のこと。稲の種まきや茶つみをする目安になる日。
お茶はその昔、6世紀頃薬として中国からきたよ。「新茶を飲むと長生きする」と言われるくらい、新茶には栄養とおいしさがつまっている。
さぁりのちゃん、ばあばの畑にお茶つみに行こう。

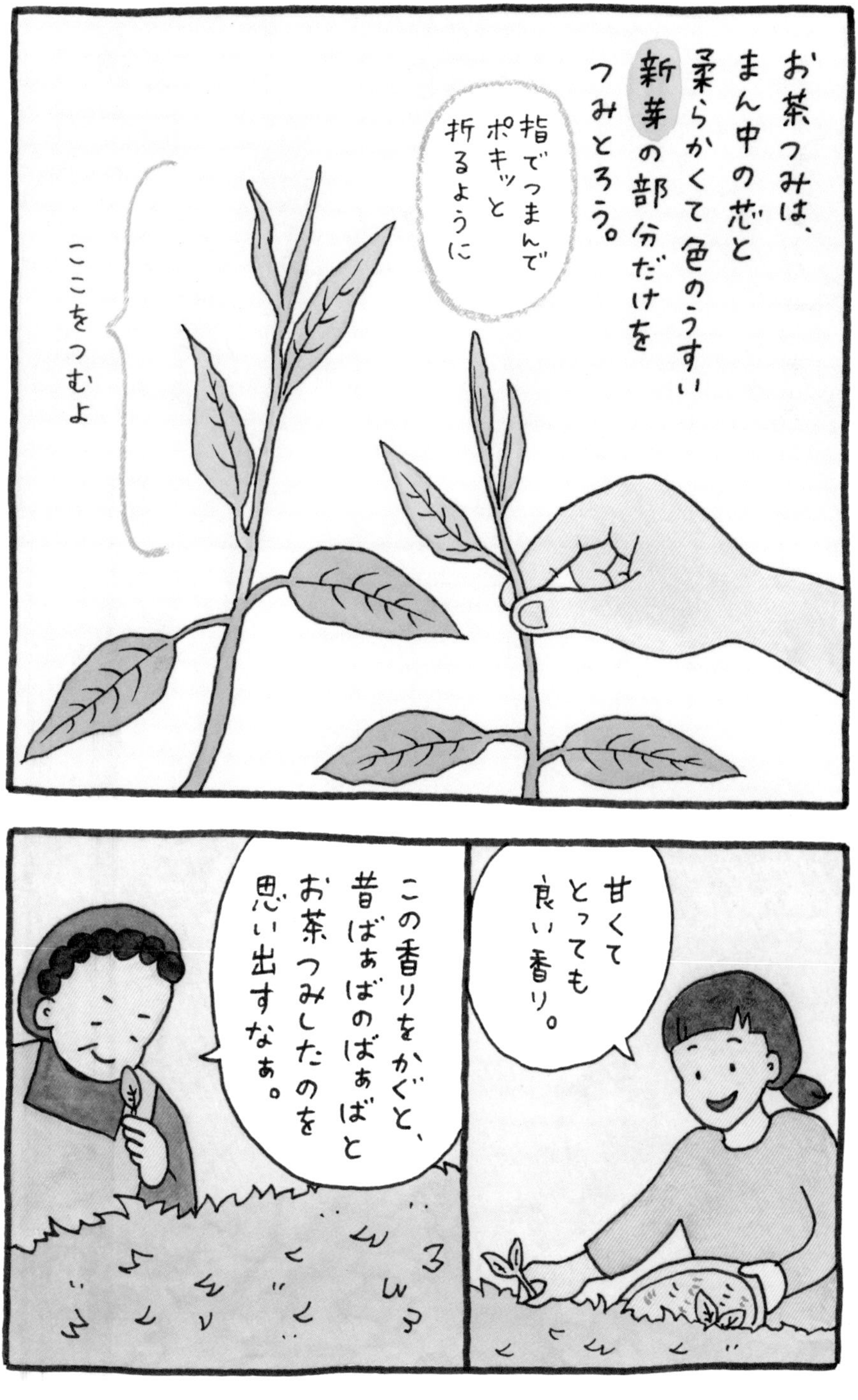
お茶つみは、まん中の芯と柔らかくて色のうすい新芽の部分だけをつみとろう。
指でつまんでポキッと折るように
ここをつむよ
甘くてとっても良い香り。
この香りをかぐと、昔ばあばのばあばとお茶つみしたのを思い出すなあ。

昔は、お隣の家との境に
塀やブロックは無くてね、
そのかわりに
お茶の木が植えてあったの。
新芽が出てくるこの時期には、
どちらからともなく
お隣さんに声をかけて
一緒にお茶つみをしたんだよ。
こんにちは〜
お茶つみ
しましょう。

家と家との
境にできた作物を
一緒に収穫することで、
自然の恵みを
分け合う
ということが
できた。
畑で採れたものや、
たくさん作った
おかずを
おすそ分けするのも
当たり前だったなあ。
どうぞ〜
どうぞ〜

ところで、お茶には
緑茶やウーロン茶など
いろんな種類が
あるけれど・・・
実はどれも同じ
ツバキ科の
常緑樹、
チャが原料なんだ。

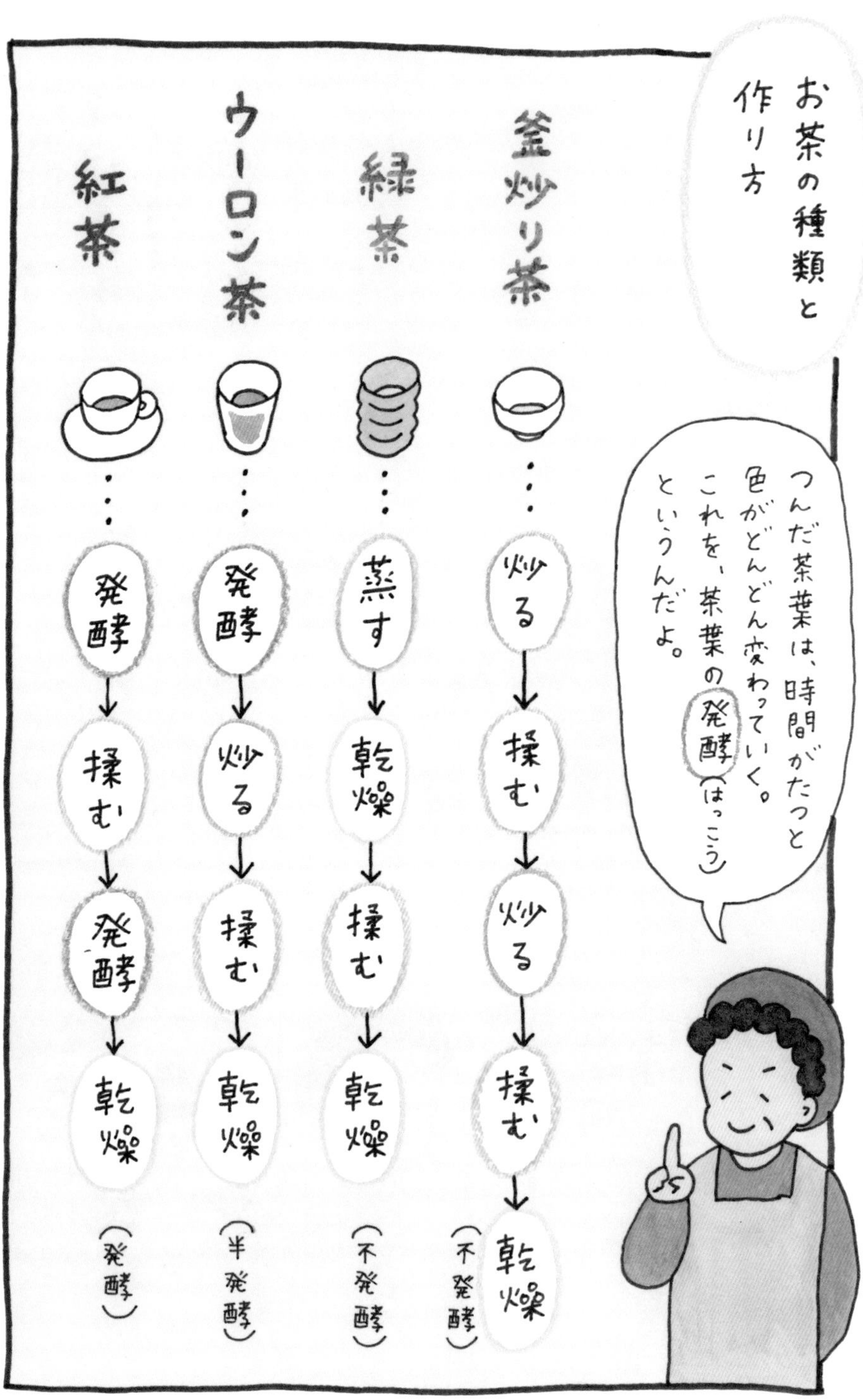
お茶の種類と作り方
つんだ茶葉は、時間がたつと色がどんどん変わっていく。これを、茶葉の発酵（はっこう）というんだよ。
釜炒り茶
炒る → 揉む → 炒る → 揉む → 乾燥
（不発酵）
緑茶
蒸す → 乾燥 → 揉む → 乾燥
（不発酵）
ウーロン茶
発酵 → 炒る → 揉む → 乾燥
（半発酵）
紅茶
発酵 → 揉む → 発酵 → 乾燥
（発酵）

釜炒り茶の作り方
弱火で炒って…
むしろの上で揉んで…
それを5〜6回くり返してできあがり。
今はペットボトルでもお茶が飲めるけれど、自分で作ったお茶はまた格別！
茶
急須で5〜6回飲めるよ。
おかわりどうぞ。
炒った香ばしい香りと、すっきりとした苦味がおいしい！
ん〜！
茶殻は、ちりめんじゃこと炒めてごまを入れて、ふりかけにして食べてみてね。

抹茶プリン

材料
牛乳
300cc
抹茶
大さじ1
SUGAR
砂糖
50g
ゼラチン
5g
水
大さじ2
お茶を挽いて
抹茶にする
ゼラチンを
ふやかす
全部入れて
軽く温める
型に入れる
冷蔵庫で
固める
ぷるぷるで
おいしい!

抹茶マフィン

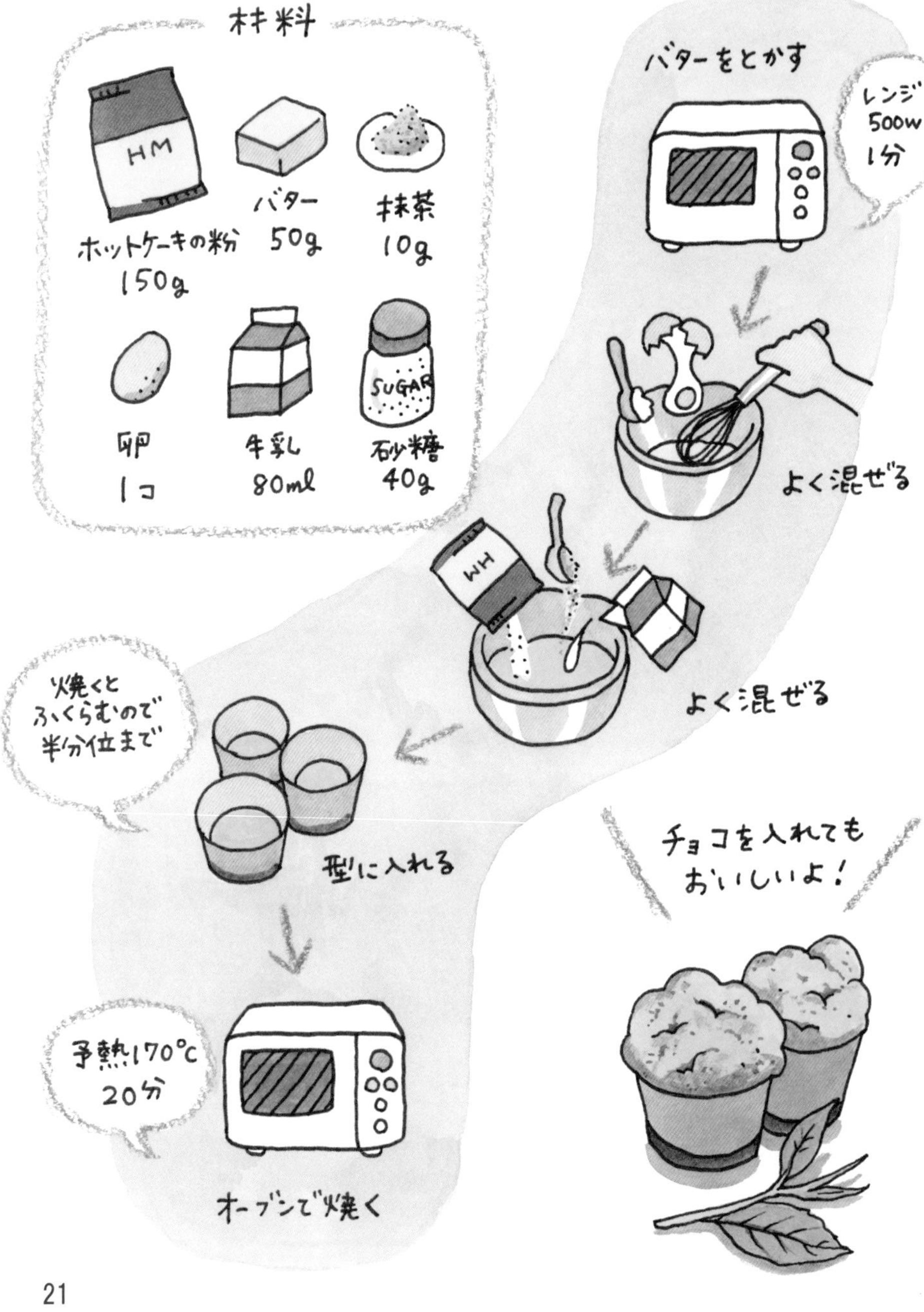
材料
ホットケーキの粉
150g
バター
50g
抹茶
10g
卵
1コ
牛乳
80ml
砂糖
40g
SUGAR
HM
バターをとかす
レンジ
500w
1分
よく混ぜる
よく混ぜる
焼くと
ふくらむので
半分位まで
型に入れる
予熱170℃
20分
オーブンで焼く
チョコを入れても
おいしいよ！

5月 あくまき

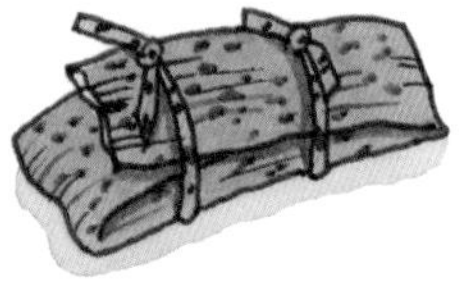

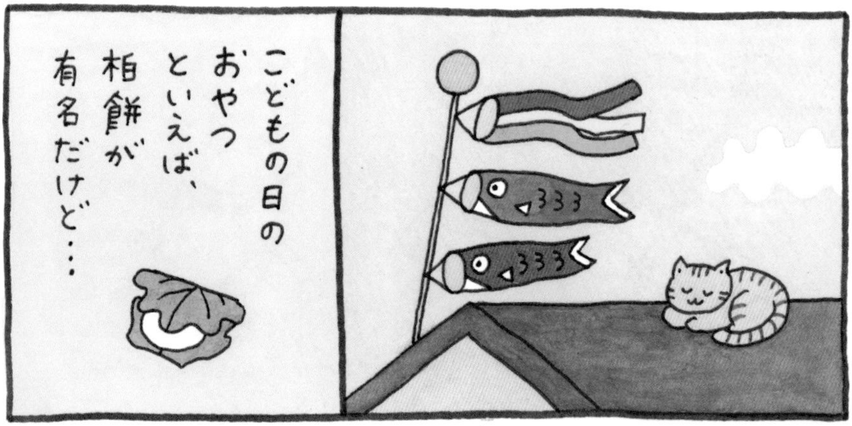
こどもの日のおやつといえば、柏餅が有名だけど…

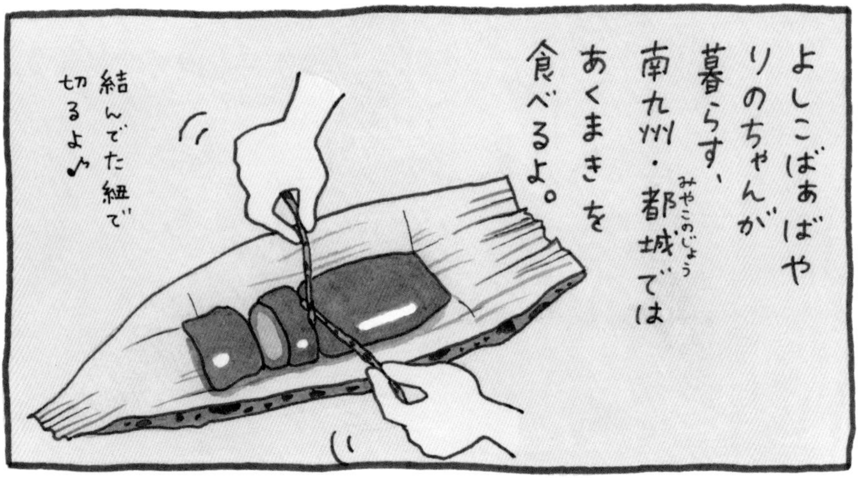
よしこばあばやりのちゃんが暮らす、南九州・都城《みやこのじょう》ではあくまきを食べるよ。
結んでた紐で切るよ♪

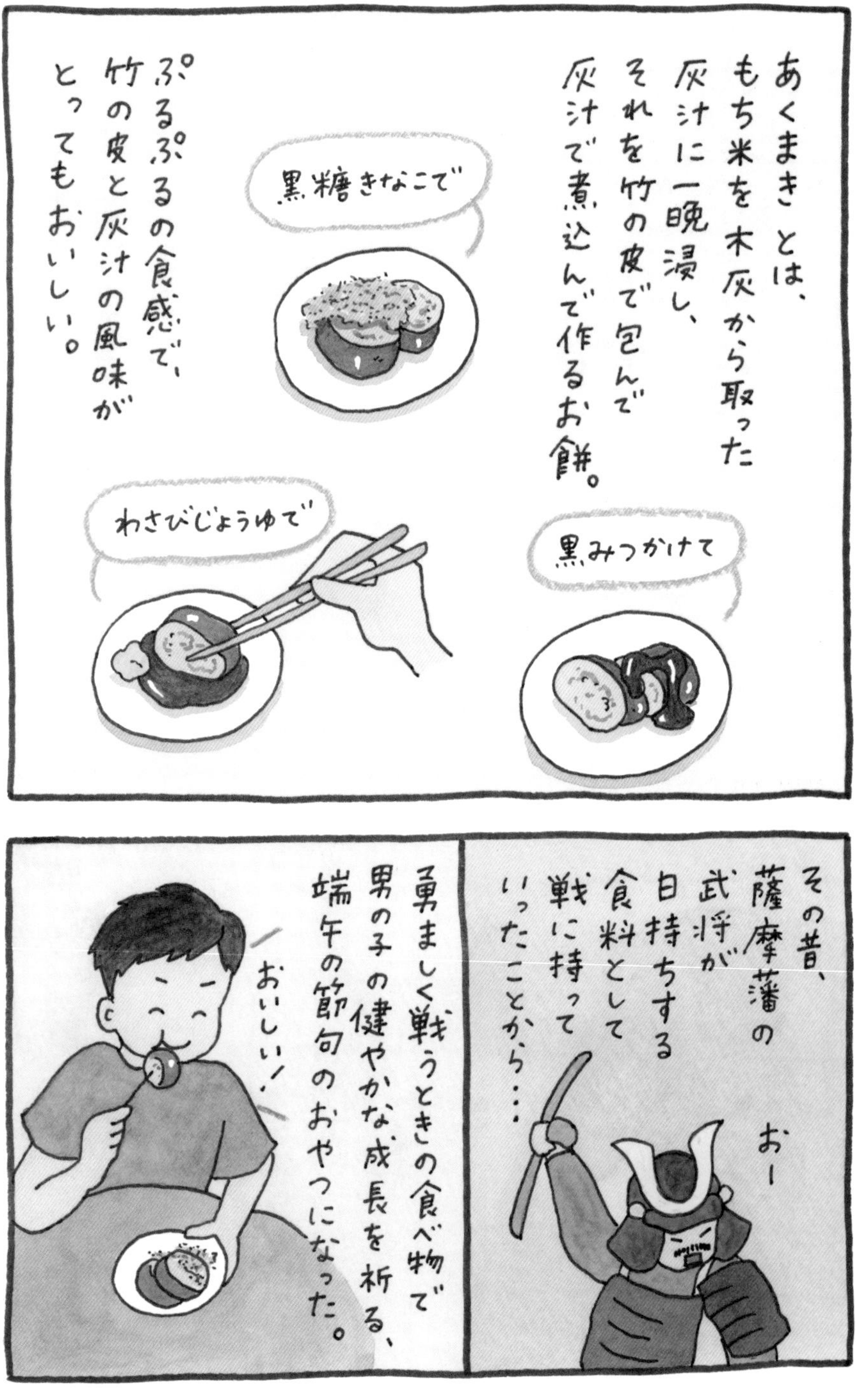
あくまきとは、
もち米を木灰から取った
灰汁に一晩浸し、
それを竹の皮で包んで
灰汁で煮込んで作るお餅。
黒糖きなこで
黒みつかけて
わさびじょうゆで
ぷるぷるの食感で、
竹の皮と灰汁の風味が
とってもおいしい。
その昔、
薩摩藩の
武将が
日持ちする
食料として
戦に持って
いったことから……
おー
勇ましく戦うときの食べ物で
男の子の健やかな成長を祈る、
端午の節句のおやつになった。
おいしい!

竹の使いみち

あくまきを包む竹の皮・・・
竹はいろいろ活用できて、
ひと昔前の暮らしには
欠かせない身近なもの
だったんだよ。

常緑で倒れにくく
まっすぐ伸びるため、
生命力を象徴し、
お正月の門松や
竹取物語など
日本では古くから
神聖なものでもあったの。

葉
お茶、薬
枝
資材
竹稈
資材、繊維、工芸品
食料、飼料
たけのこ
成長
竹皮
包装、繊維

竹の皮は、
梅雨の晴れ間に
山で見つけよう。
たけのこが
動物に食べられないよう
何枚も重なっていた皮は、
背が伸びるにつれて
1枚1枚
はがれていくよ。
あった！
拾った皮は
洗って、
広げて干すと
4、5年使えるよ。

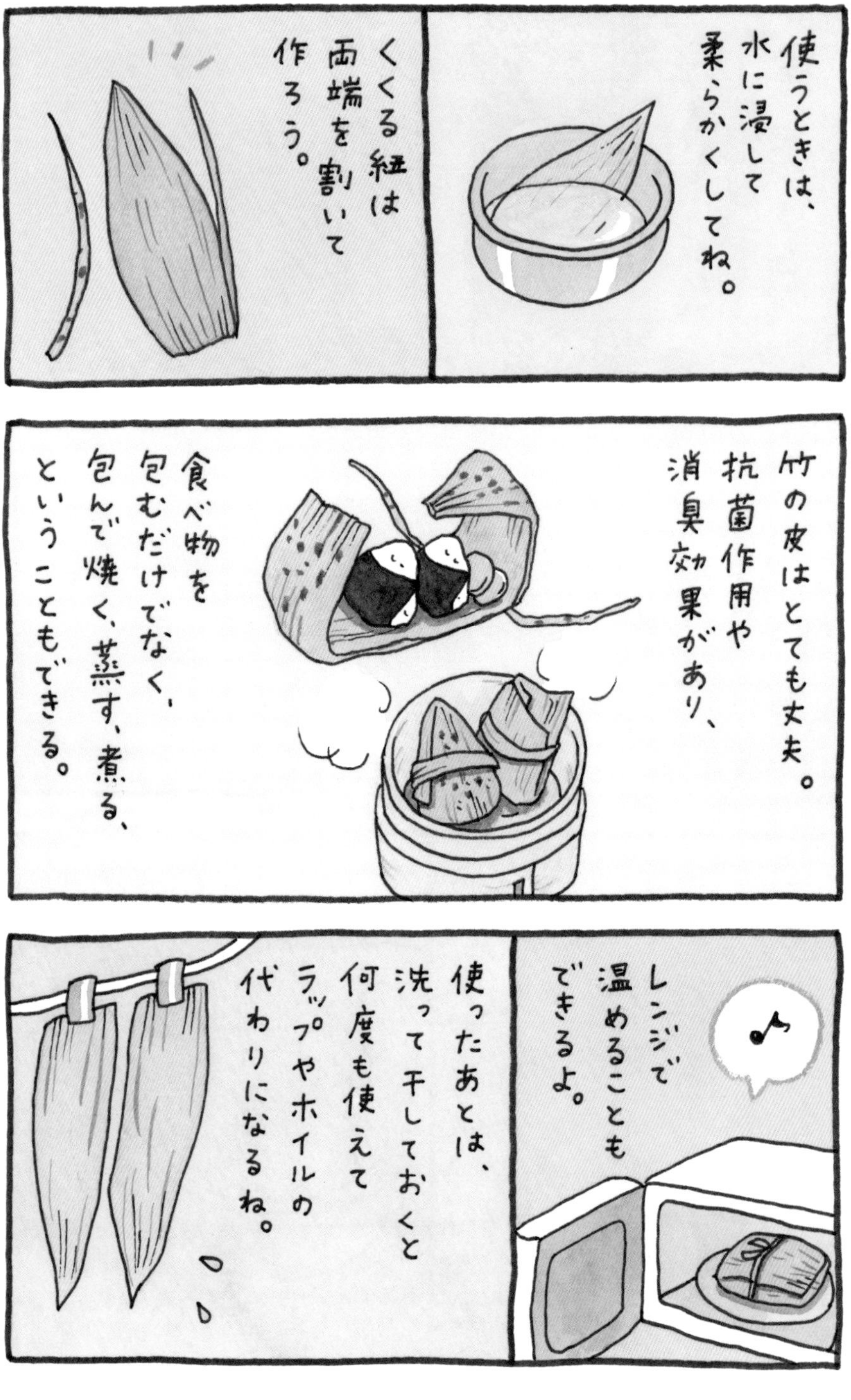
使うときは、水に浸して柔らかくしてね。
くくる紐は両端を割いて作ろう。
竹の皮はとても丈夫。抗菌作用や消臭効果があり、
食べ物を包むだけでなく、包んで焼く、蒸す、煮る、ということもできる。
レンジで温めることもできるよ。
使ったあとは、洗って干しておくと何度も使えてラップやホイルの代わりになるね。

こどもの日が近づくと
南九州・都城《みやこのじょう》では、
スーパーマーケットで
もち米や
灰汁とともに
竹の皮が
売り出されるよ。
最近では
インターネットでも
手に入るようになったね。
あくまきづくりコーナー
きなこ
竹皮
灰汁
もち米
木灰

竹を暮らしに取り入れて、竹のパワーを活用してみてね！

ばあば、竹の皮使ってあくまき作ろう！
竹の皮使ってみたい♪

あくまき

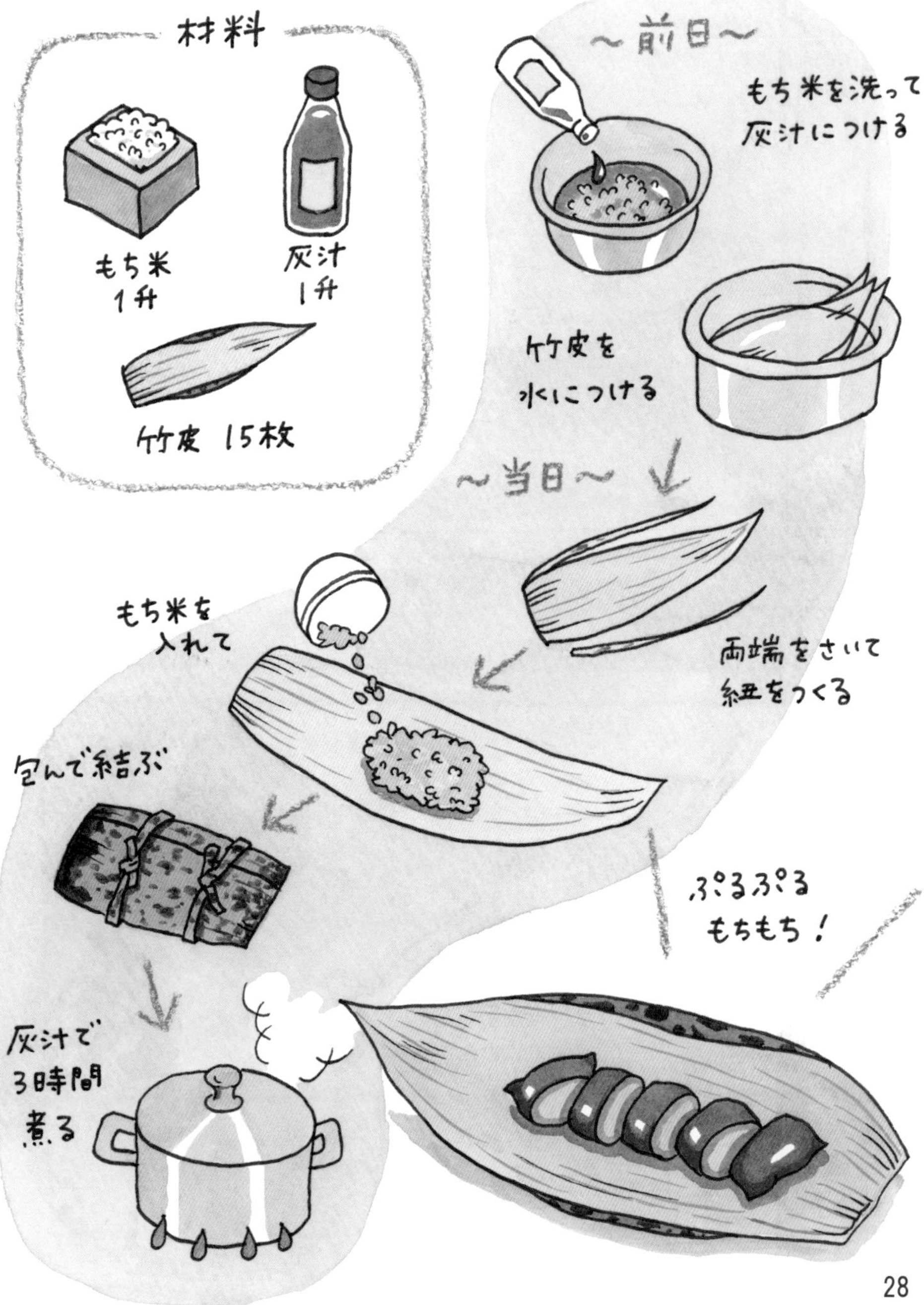
材料
もち米
1升
灰汁
1升
竹皮 15枚
～前日～
もち米を洗って
灰汁につける
竹皮を
水につける
～当日～
両端をさいて
紐をつくる
もち米を
入れて
包んで結ぶ
灰汁で
3時間
煮る
ぷるぷる
もちもち！

竹あそび

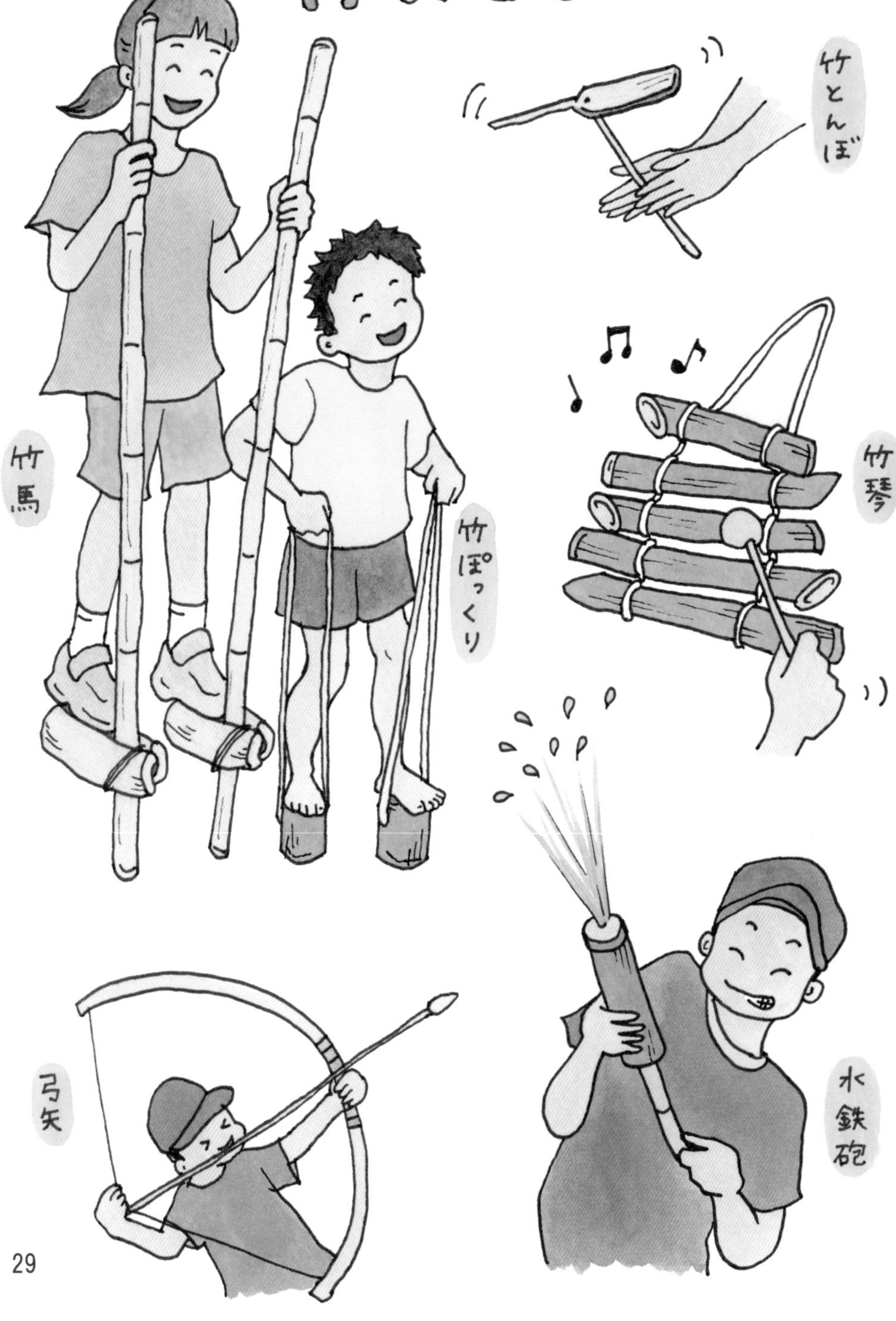
竹とんぼ
竹馬
竹ぽっくり
竹琴
弓矢
水鉄砲

夏のおはなし

「まこち、ぬきもんじゃね～。」（本当に暑いですね）は、ばぁばの夏の決まりあいさつ。

今は熱中症が心配でクーラーの部屋があるけれど、ばぁばの家は昔の古い家だよ。

昔の家は、冬は寒いけど夏は涼しいよ。家の中はガラーンと『風の道』があり、太陽が照るころには『スダレ』や、ゴーヤやカボチャのツル野菜を植えて『グリーンカーテン』で日陰を作っているよ。野菜も収穫できて一石二鳥だね。
夕方には打ち水をして涼しい風を部屋に入れる。その水は屋根に降った雨水を貯める『雨水タンク』を使っているよ。畑の野菜たちにもまき、元気に育っているよ。限りある電気や水は大切に使いたいね。ばぁばの「もったいない。」の決まり文句だね。
そして、夏バテしないようにしっかり食事することも大切ね。さぁ、ばぁばの畑の野菜たちをたくさん食べて元気モリモリになろう。

6月

梅

雨の日続き……
梅雨だねぇ。
梅雨の雨は梅にとって恵みの雨。
雨のおかげで梅の実は大きく膨らむんだって。
ばぁばの家の梅を見に行こう。

今年も大きく実ったよー。
梅はその昔、薬として中国からきたんだよ。
梅のえらび方
梅酒や梅シロップには青梅
クエン酸が多くてすっぱいよ
梅干しにはそれから5、6日後の完熟梅
クエン酸などが種に移って甘くなるよ
さわやかな香り♪
しっかりした固さ
※生では食べられないよ！
あまい香り♪
黄色くなって皮が柔らかくなる

そして梅干しは、腐敗を防いでくれて
おにぎりやお弁当に入れたり、
ごはんを炊く時に入れると、
ごはんが傷みにくくなっておいしくなるよ。

それじゃあ、黄色く熟した梅で梅干しを作ろう。
まずは収穫♪
梅干しづくりの作業はやさしく丁寧に。実にキズがつくとカビの原因になってしまうからね。

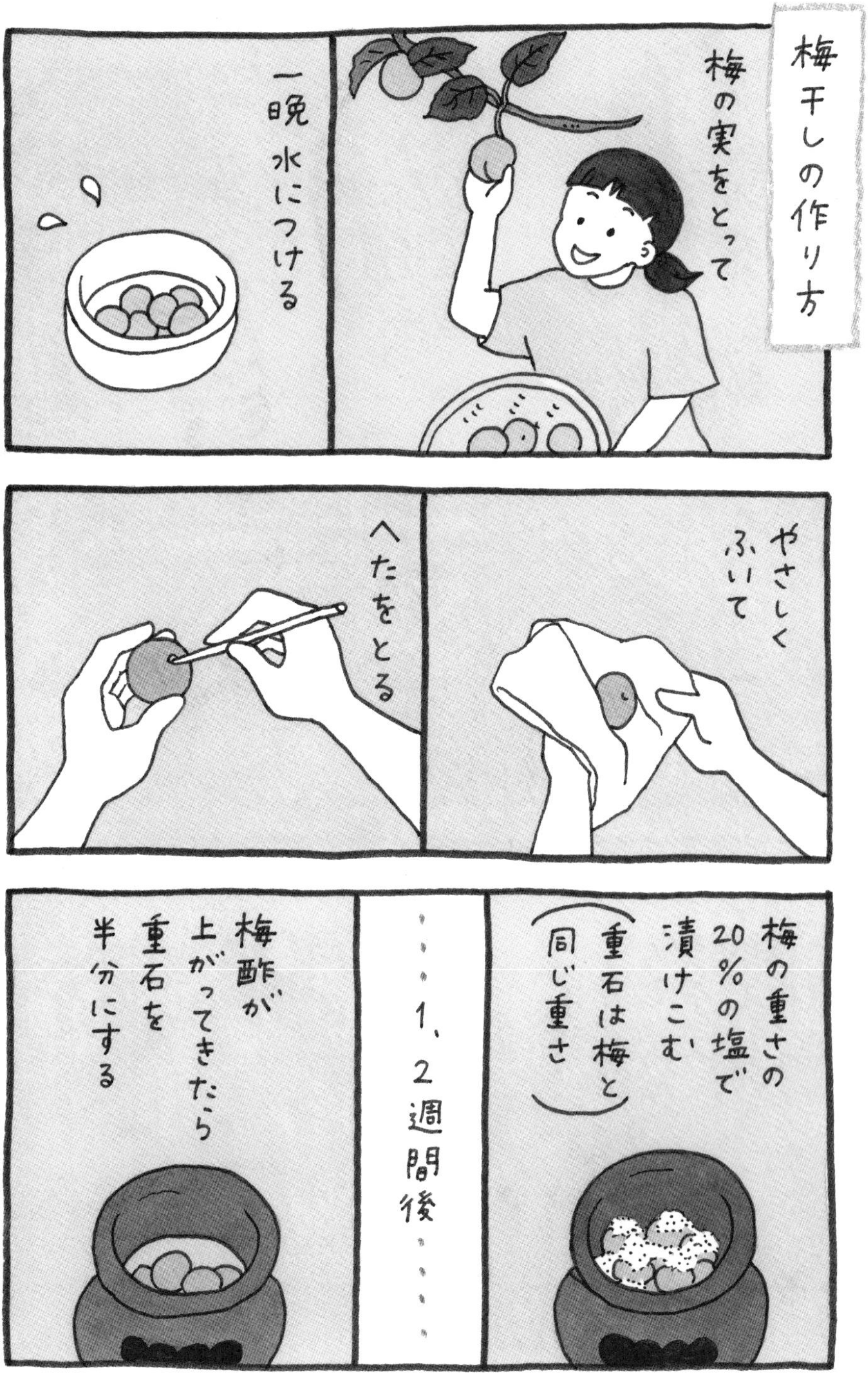
梅干しの作り方
梅の実をとって
一晩 水につける
やさしくふいて
へたをとる
梅の重さの20%の塩で漬けこむ
(重石は梅と同じ重さ)
……1、2週間後……
梅酢が上がってきたら重石を半分にする

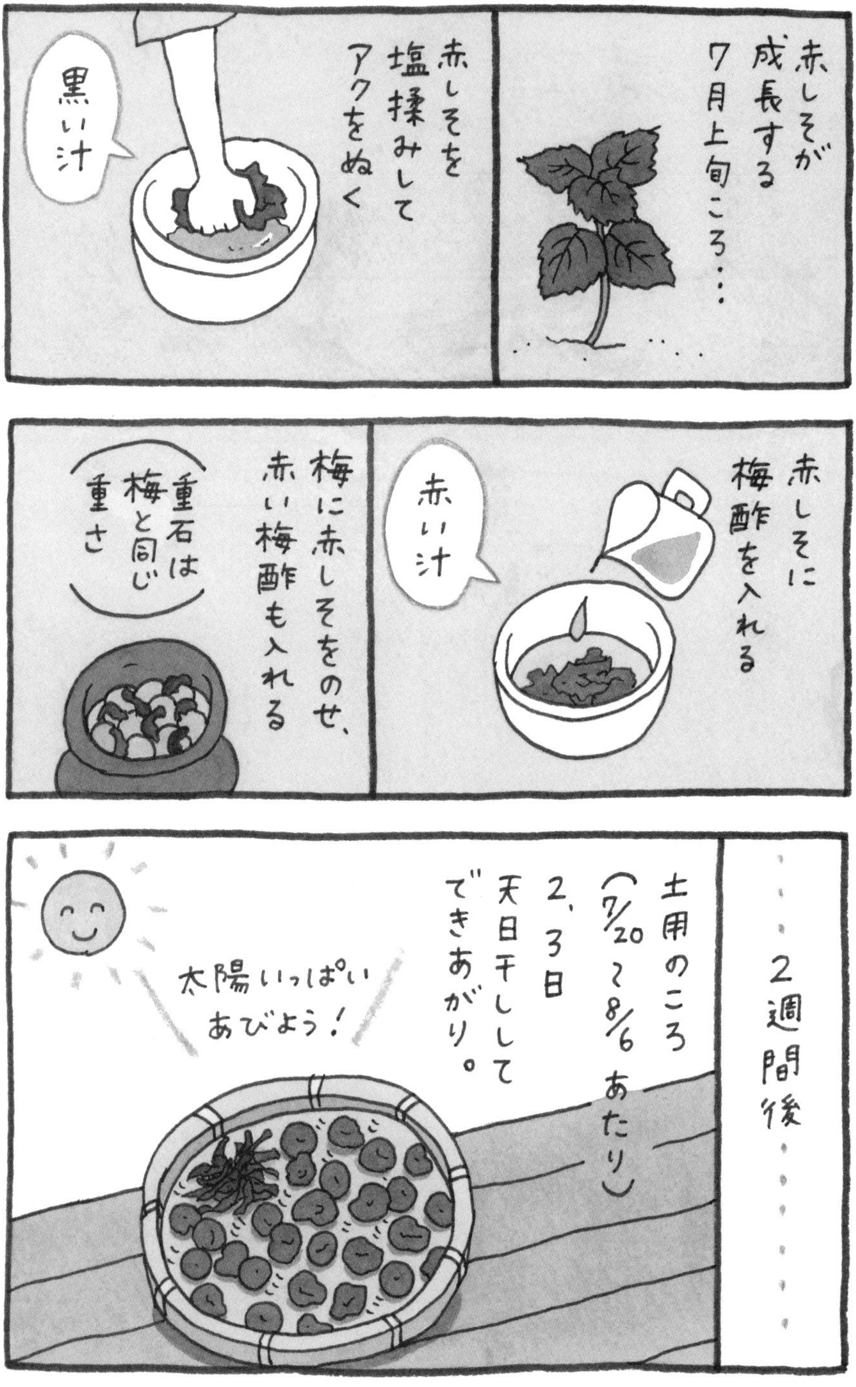
赤しそが成長する7月上旬ころ・・・
赤しそを塩揉みしてアクをぬく
黒い汁
赤しそに梅酢を入れる
赤い汁
梅に赤しそをのせ、赤い梅酢も入れる
（重石は梅と同じ重さ）
・・・2週間後・・・・・
土用のころ（7/20～8/6あたり）2、3日天日干ししてできあがり。
太陽いっぱいあびよう！

梅酢は、
きゅうり
なす
生姜
を漬けて
漬けものに。
赤しそは、
天日でさらに
カラカラに干して
細かくして
ゆかり
ふりかけに。
梅は万病に効く
自然からの贈りもの。
「朝1個の梅で
難逃れ」
毎日の梅で
夏バテ知らずの
元気な体に!
すっぱいね!

梅ジュース&梅ジャム

材料
青い梅
1kg
砂糖
1kg
SUGA
砂糖
100g
一晩
水につける
水をふく
時々ゆすって
混ぜる
1ヶ月で飲める
実をとり出して
種をとって
煮つめる
さっぱりさわやか!

しそジュース＆しそゼリー

材料
赤しそ 300g
砂糖 1kg
酢
1合
水
1.8ℓ
棒寒天1本
水
400mℓ
洗う
葉っぱが
緑色に
20分
煮出す
しそを取り出す
鮮やかな
赤色に
5倍にうすめる
色もきれい！
ふやかす
ジュース200mℓ
水
400mℓ
ちぎって
入れる
型に
入れる

7月 ぬか床《どこ》

ばぁばの畑の夏野菜を収穫しよう。
りのちゃん、はじめに採ったきゅうりとなすを川に流しておいで。
どうして？
???

それはね…
川には水の神様がいて、
子どもたちが川で遊ぶときに
守ってもらえるように
おいしい!
神様の
かっぱへのお供えとして
初物のきゅうりやなすを
川に流すんだよ。

川は、山に降った雨や雪が流れ出たもの。
今わたしたちが飲んでいる水は、
50、60年前の雨や雪なんだ。
田、畑
川
下水処理場
水道
海

わたしたちが生きていくのに欠かせない水。植物や、他の動物にとっても大切な水。
どうぞ。
川を守ってくれるかっぱに感謝をこめて。
ありがとう。
それじゃあ採った野菜をぬかづけにしよう。
はーい。
野菜をそのまま食べてもおいしいけれど、
ぽりぽり♪
ぬかづけにするとぬかの栄養を野菜が吸収して栄養とうまみがアップするんだ。

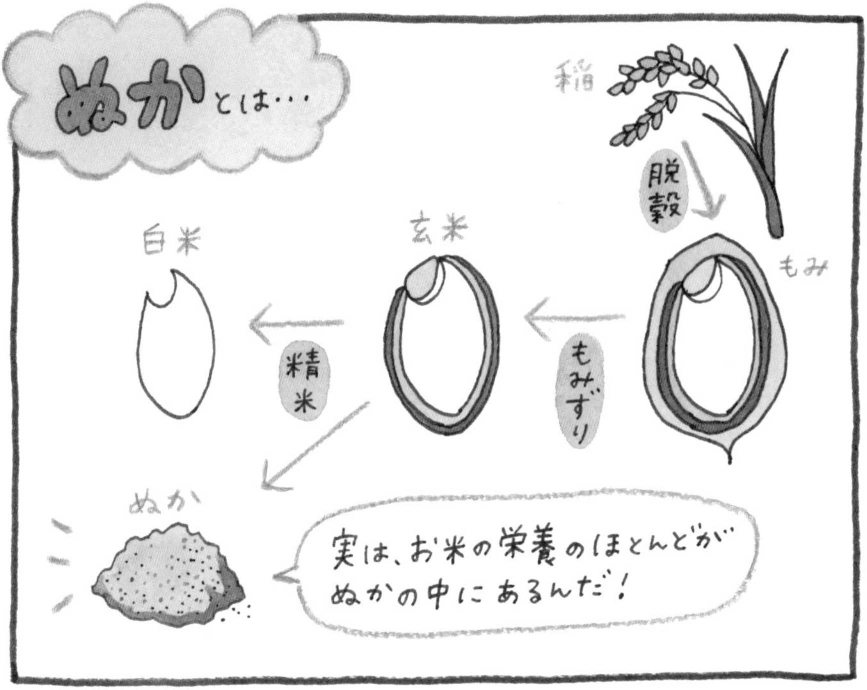
ぬかとは…
稲
脱穀
もみ
もみずり
玄米
精米
白米
ぬか
実は、お米の栄養のほとんどが
ぬかの中にあるんだ！

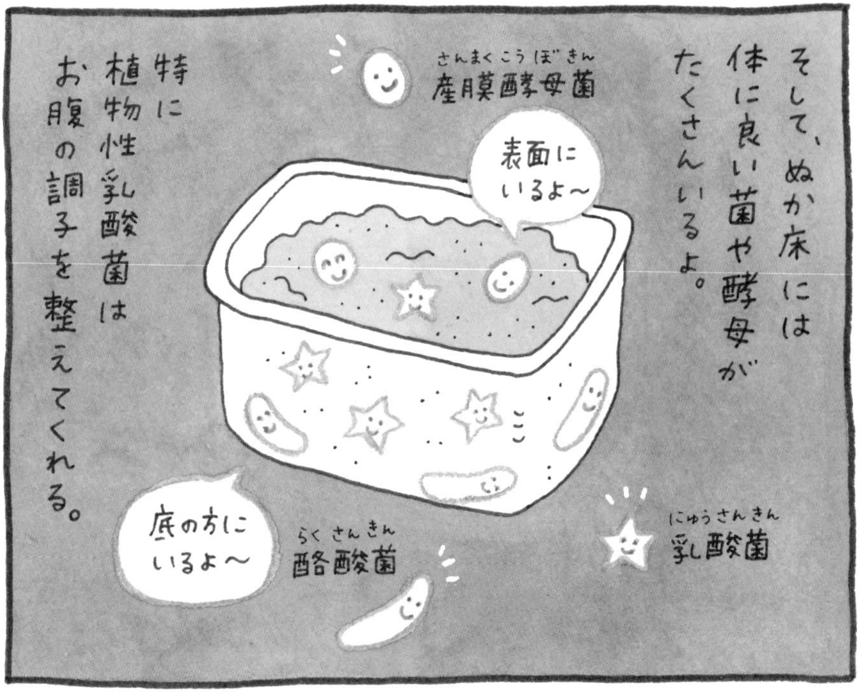
そして、ぬか床には体に良い菌や酵母がたくさんいるよ。
産膜酵母菌《さんまくこうぼきん》
表面にいるよ～
特に植物性乳酸菌はお腹の調子を整えてくれる。
乳酸菌《にゅうさんきん》
酪酸菌《らくさんきん》
底の方にいるよ～

毎日かき混ぜてぬか床を育てることが大切。
底から上下を入れかえるように混ぜようね。
はーい。
最初は塩辛いけれど、発酵が進むとだんだんとおいしくなるよ。
もしある日、ぬか床の表面が白くなっていたとしても・・・
あれれ？
それはカビではなくて産膜酵母だからそのまま混ぜて大丈夫。
発酵が進んでる証拠だよ♪

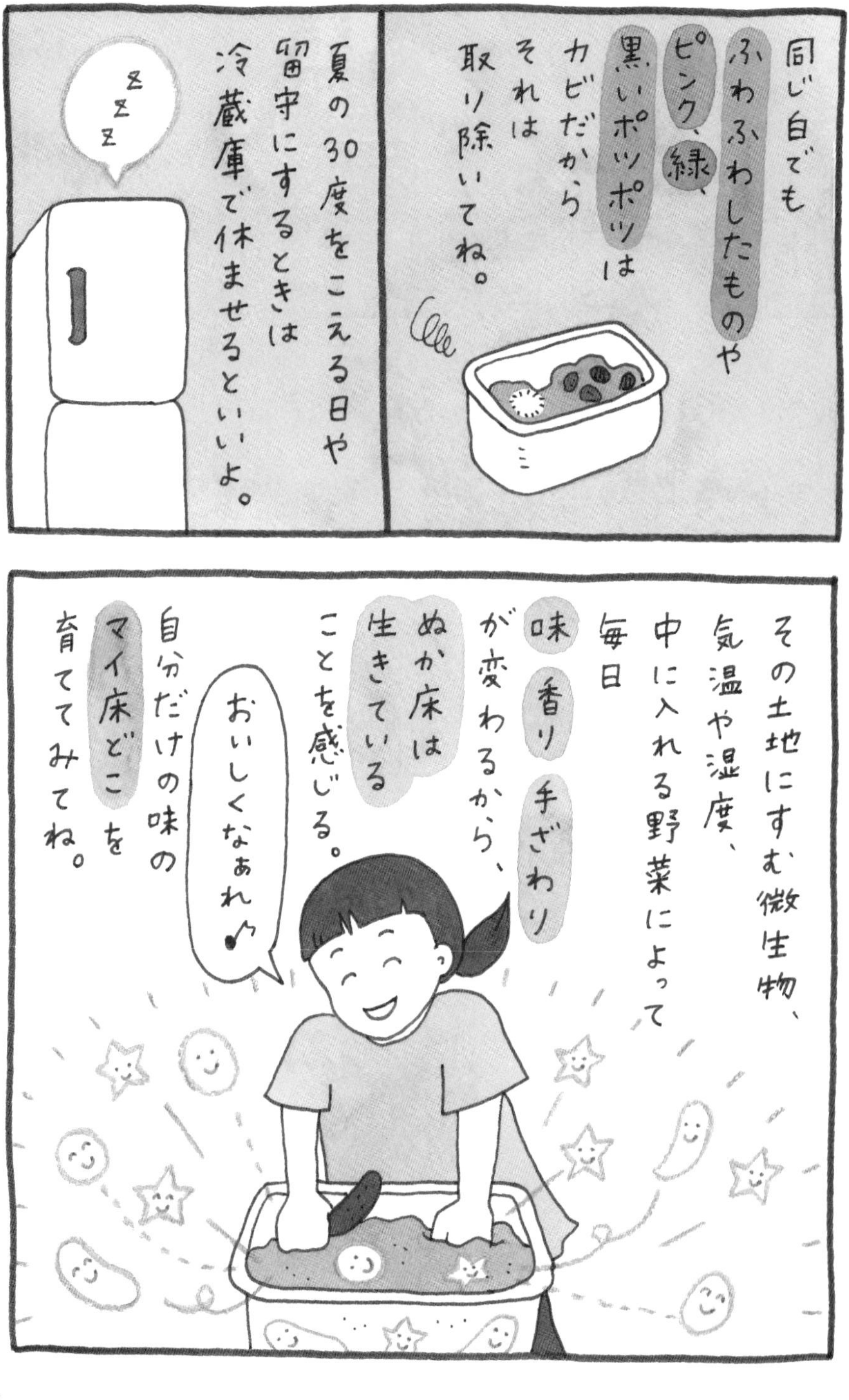
同じ白でも
ふわふわしたものや
ピンク、緑、
黒いポツポツは
カビだから
それは
取り除いてね。
夏の30度をこえる日や
留守にするときは
冷蔵庫で休ませるといいよ。
Zzz
その土地にすむ微生物、
気温や湿度、
中に入れる野菜によって
毎日
味 香り 手ざわり
が変わるから、
ぬか床は
生きている
ことを感じる。
自分だけの味の
マイ床どこを
育ててみてね。
おいしくなぁれ♪

ぬか床

材料
ぬか
1kg
塩
130g
水
1000cc
だし昆布
1枚
干ししいたけ
3枚
とうがらし
4本
から炒り
塩を入れて
混ぜる
水を少しずつ加えて
混ぜる
塩辛いけど
食べられるよ
容器に移し
昆布など入れ、
2~3回試しづけ
毎日
よく混ぜる
つけこむ回数ほど
おいしくなるよ!

ぬかづけQ&A

Q どれ位の時間、つけたら食べられる？

A だいたい半日から1日だよ。味見してみてね。

Q どんな野菜をつけたらいい？

A

そのままつける（皮をむいたり切って）	
塩もみしてつける	
下ゆでしてつける	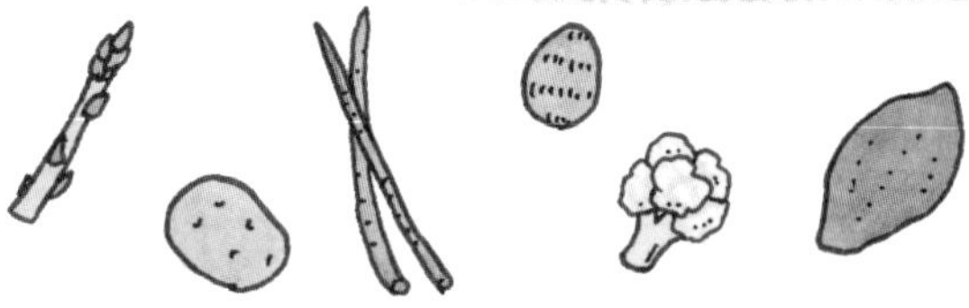

Q ぬか床が水っぽくなったら…？

A
① タオルやキッチンペーパーで表面をおさえる
② たしぬかをする（ぬか100g、塩10g）
③ 乾物（昆布、干ししいたけ、切干大根）を入れる

8月

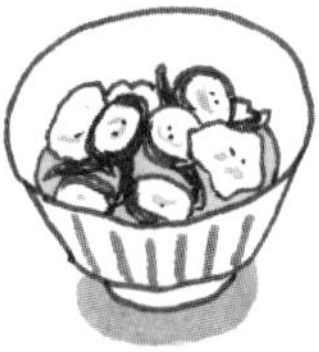

冷や汁

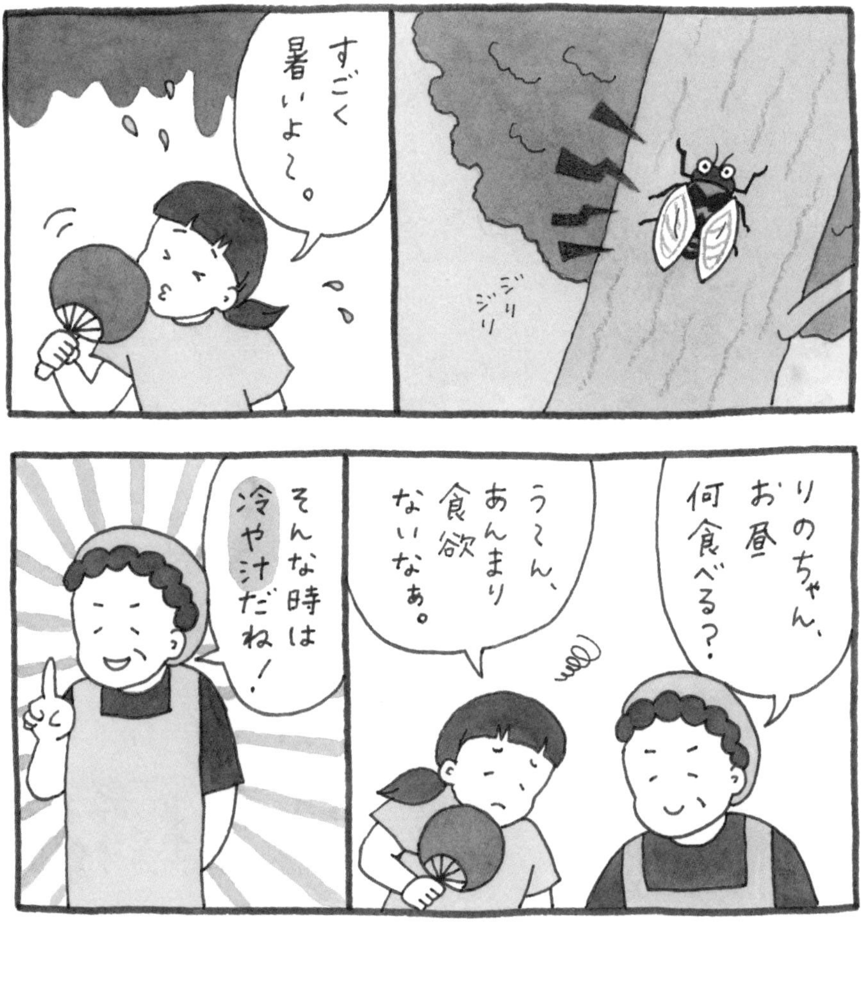
ジリジリ
すごく暑いよ〜。
りのちゃん、お昼何食べる？
う〜ん、あんまり食欲ないなぁ。
そんな時は冷や汁だね！

冷や汁は宮崎県の郷土《きょうど》料理《りょうり》で
冷たいみそ汁かけごはん。
農家の人が作業の合間に
ぱぱっと食べられるよう
考えられた料理。
さっと栄養が
補給できて、
冷たい汁が
暑いときでも
食べやすくしてくれる。

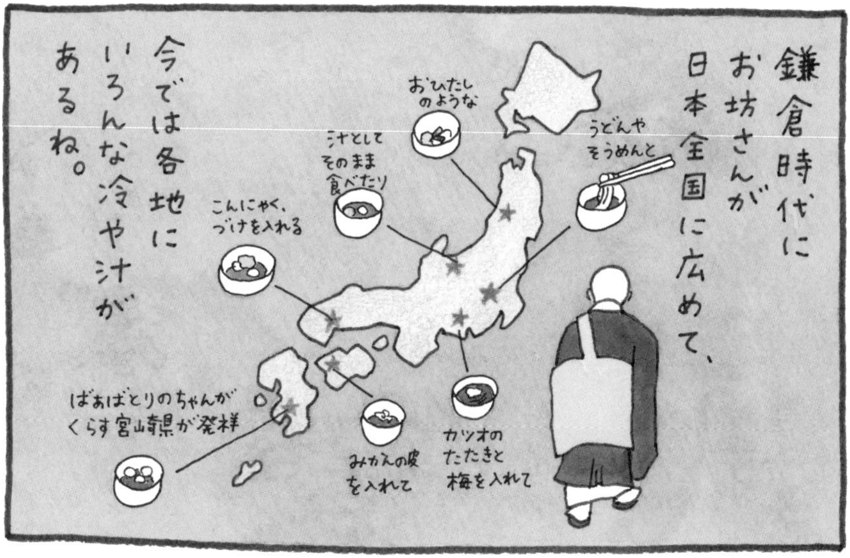
鎌倉時代に
お坊さんが
日本全国に広めて、
今では各地に
いろんな冷や汁が
あるね。
おひたしのような
うどんやそうめんと
汁としてそのまま食べたり
こんにゃく、づけを入れる
ばあばとりのちゃんがくらす宮崎県が発祥
みかんの皮を入れて
カツオのたたきと梅を入れて

うん、冷や汁なら食べられるかも…。
するするっとね♪
よし、それじゃあ畑に野菜を採りに行こう。
麦わら帽子かぶって♪
しそをいっぱい入れたいなあ。
いいねえ。

野菜はね、
旬の時期に一番
栄養価が高くなって、
しかも
その時期に
必要な栄養が
つまってるんだよ。

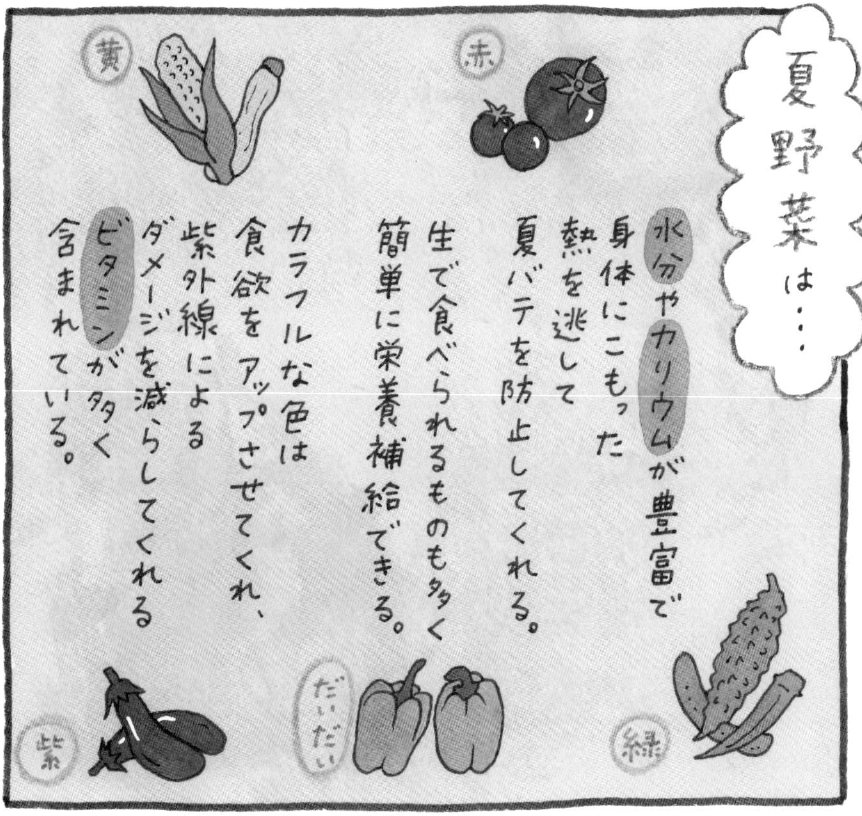
夏野菜は・・・
水分やカリウムが豊富で
身体にこもった
熱を逃して
夏バテを防止してくれる。
生で食べられるものも多く
簡単に栄養補給できる。
カラフルな色は
食欲をアップさせてくれ、
紫外線による
ダメージを減らしてくれる
ビタミンが多く
含まれている。
赤
黄
緑
だいだい
紫

食欲のないりのちゃんのために、もっと食欲をそそるはがまごはんを炊こう。
やったー！

かまどで炊くのはじいじにお願いしよう。
じいじは田舎暮らしの達人で、なんでもできちゃうんだ。
じいじ、ありがとう。

ごはんを炊いてる間に冷や汁を作ろう。
うん。
おこげのあるはがまごはんが炊けたら・・・
冷や汁をたっぷりかけていただきます。
ばぁば、おかわり！
何杯でもおかわりできそう。
ははは♪
食欲がなかったなんて信じられないねえ。

冷や汁

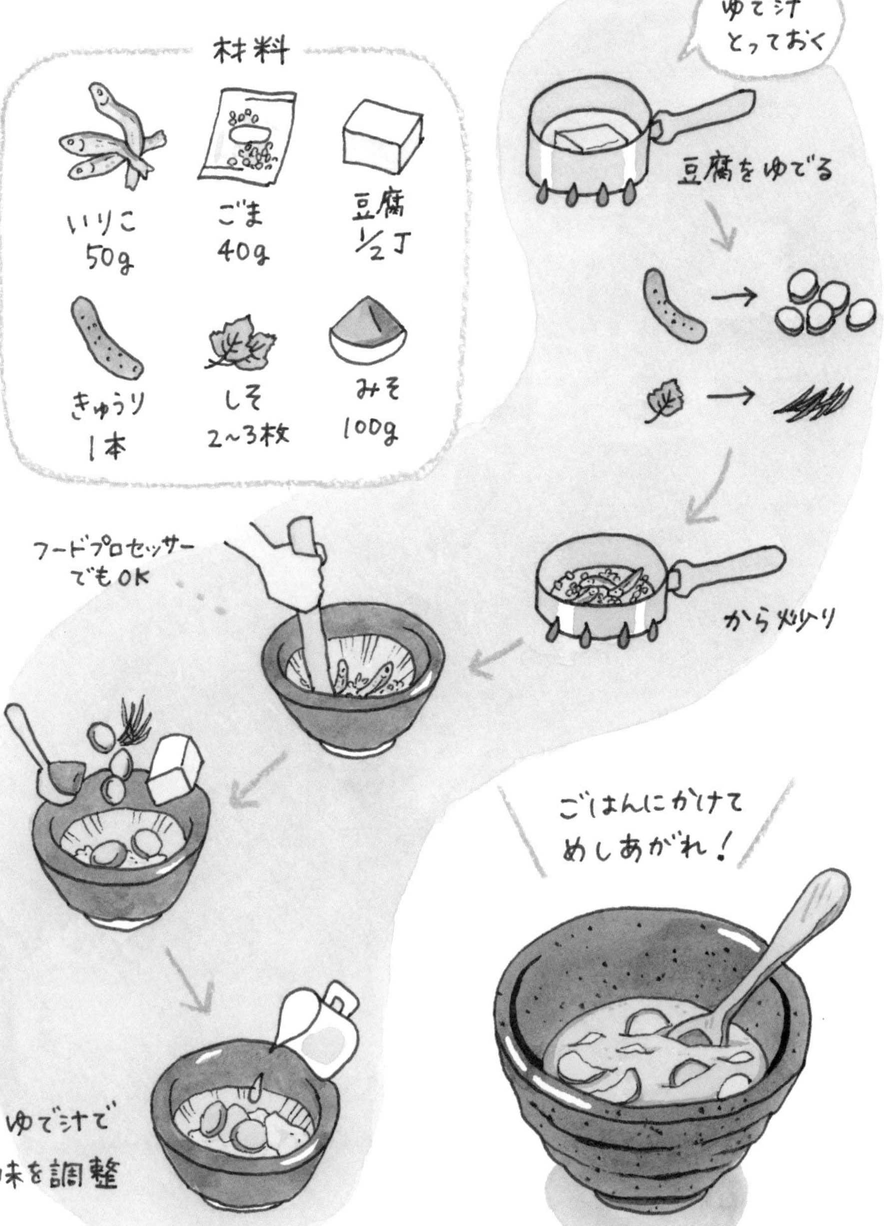

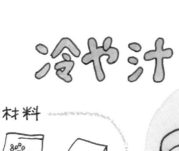

材料
いりこ 50g
ごま 40g
豆腐 1/2丁
きゅうり 1本
しそ 2~3枚
みそ 100g
ゆで汁とっておく
豆腐をゆでる
から炒り
フードプロセッサーでもOK
ゆで汁で味を調整
ごはんにかけてめしあがれ！

はがまごはん

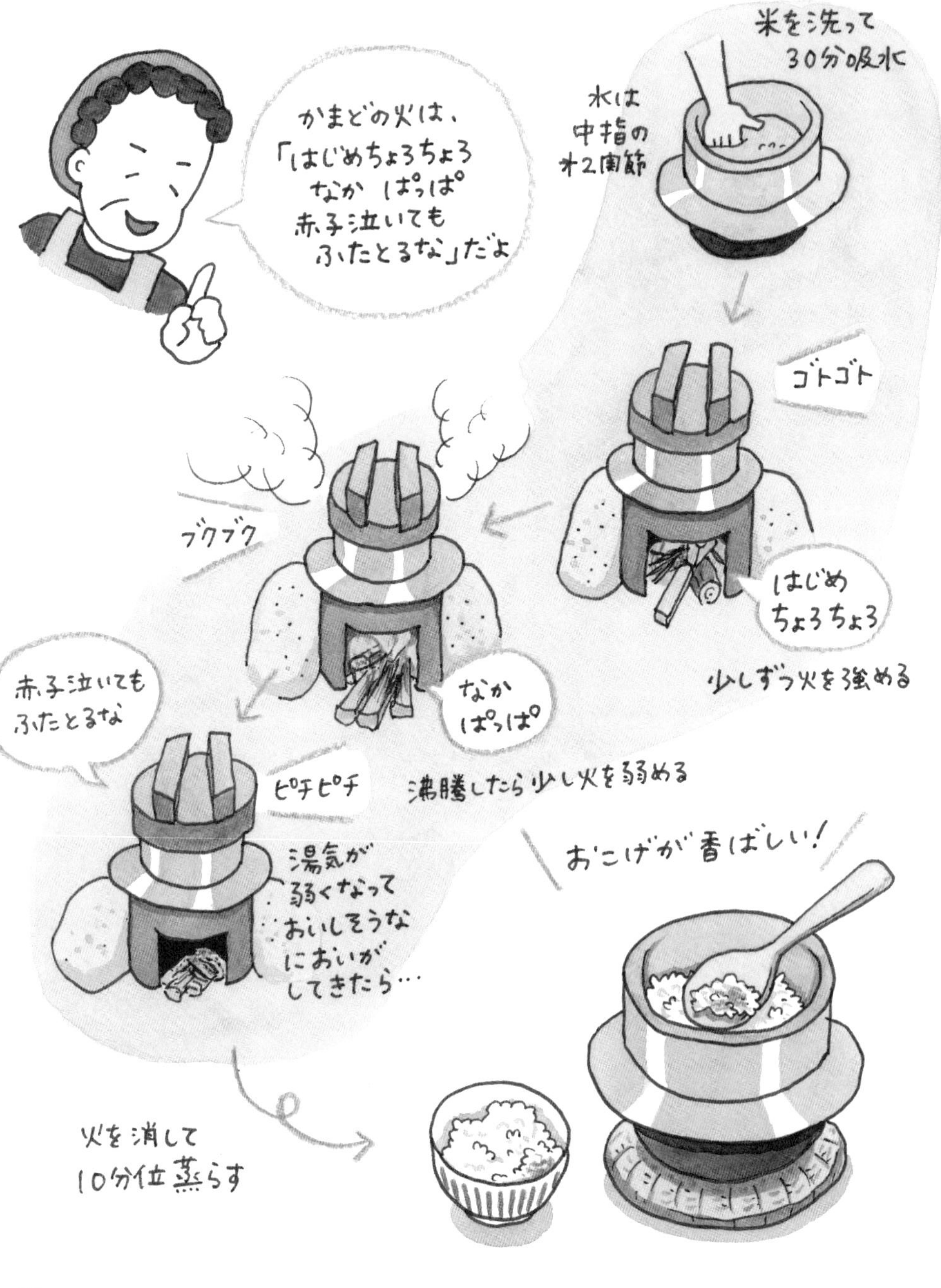

かまどの火は、「はじめちょろちょろ なかぱっぱ 赤子泣いても ふたとるな」だよ
米を洗って 30分吸水
水は 中指の 第2関節
ゴトゴト
はじめ ちょろちょろ
少しずつ火を強める
ブクブク
なか ぱっぱ
沸騰したら少し火を弱める
赤子泣いても ふたとるな
ピチピチ
湯気が 弱くなって おいしそうな においが してきたら…
おこげが香ばしい!
火を消して 10分位蒸らす

秋のおはなし

「スポーツの秋」「芸術の秋」いろんな秋があるけれど、ばぁばは食欲の秋だね!!

実りの秋は米や野菜・果物がとてもおいしいね。そのおいしい実を食べるのには、小さな生き物がいなくては出来ないのよ。

それは、ミツバチだよ。実をつけるためには、オシベとメシベを合わせる受粉が必要なの。その役目をしているのがミツバチだよ。

ミツバチは世界の食料の約1／3、すべての作物の7割の受粉をしていると言われている。

わたしたちがおいしく食べられているのはこの小さなミツバチのおかげなのよ。

でもね、このミツバチもいろいろな原因で減っているらしい。ミツバチが元気で働いてくれる環境を守っていかなくちゃね。

ばぁばの家にもニホンミツバチがいるけど、そのハチの一生（3か月）で集められるハチミツはスプーン一杯位といわれているよ。大切に感謝して食べなくちゃね。

9月 さつまいも

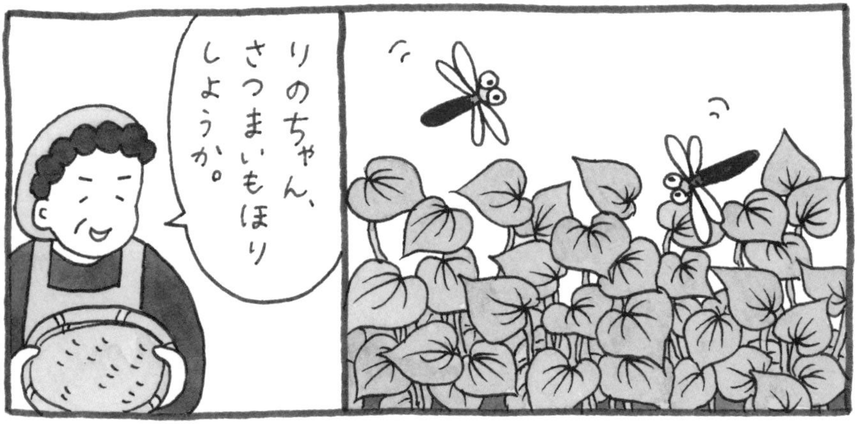
りのちゃん、さつまいもほりしようか。

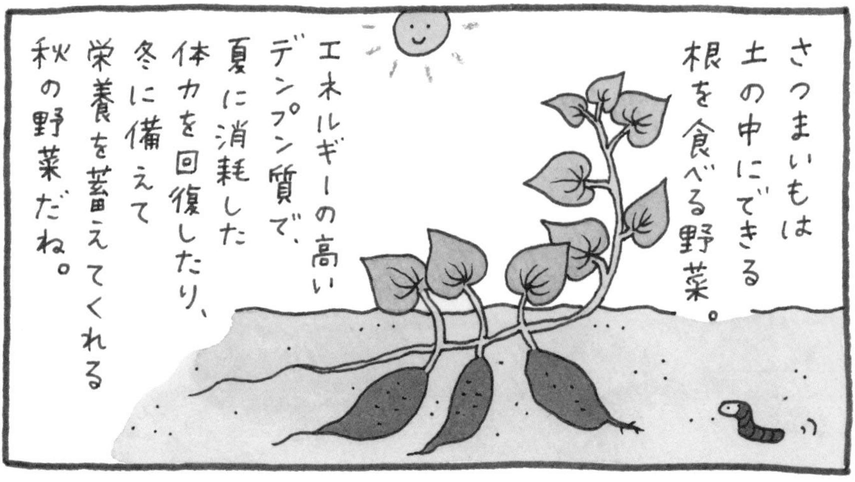
さつまいもは
土の中にできる
根を食べる野菜。
エネルギーの高い
デンプン質で、
夏に消耗した
体力を回復したり、
冬に備えて
栄養を蓄えてくれる
秋の野菜だね。

まずは葉っぱとつるを取り除いて
葉っぱがたくさんだねぇ。
抜きやすくしたら…
いくつのいもが出てくるかなて。
まわりの土をよけて
ひっこ抜く。
それっ！

たくさん採れたねぇ。
このいもで
何をつくろうか。
ガネが
食べたい！
ガネはさつまいもの産地、
南九州の郷土《きょうど》料理《りょうり》。
カタチがガネ
（方言でカニのこと）
に似ているから
ガネと
呼ばれている。
さつまいもを細く切って
溶いた小麦粉をつけて
揚げたものだよ。
おっ！
砂糖で甘みをつけて
子どものおやつにも、
3
いりこや生姜を入れたら
おつまみにもなる、
子どもから大人まで
大好きな料理。

さつまいものほかには、
にんじん、ごぼう、玉ねぎなど
好きな野菜を入れたり、
材料は家によってさまざま。
うちのは、衣に卵を入れるの。
うちは、山芋入りなんですよ。
だからガネは
母から受け継ぎたい
おふくろの味。
ぼくは、黒砂糖のガネが好き。
うんとあまいやつ♪

よしこばあばのガネは、
豆腐を入れて
ふんわり感を出しているよ。
それとね、かくし味は塩麹なの。
ふわふわのばあばのガネ、大好きだから作ってみたい！

そして、ガネのような
郷土料理には
先人たちの知恵が
つまっている。
その土地で
採れたものを
みんながおいしく
食べられるように
工夫された料理が
代々伝えられている。
ぱくぱく
それは、
暮らしている所で採れた
旬のものを食べることで
健やかな体がつくられる
身土不二《しんどふじ》
（体と大地はつながっている）
という考え方に
つながっていくね。

ガネの作り方
野菜を細長く切って、
アクがあるものは水にさらす。
さつまいもごぼうなど
衣をつけて、
小麦粉、水、砂糖など
油で揚げる
とっても上手にできたね。
おいしそう♪
ばあばのガネの味、わたしが受け継いでいくね。

りんごとさつまいもの重ね煮

材料
さつまいも
1本
りんご
1/4コ
バター
30g
(6コにする)
SUG
砂糖
シナモン、
レーズン
水
塩水
さっとさらす
バター3コ、さつまいも、
りんごの順で重ねる
砂糖
お好みで
もう一度
バター3コ、
さつまいも、
りんごを重ねる
やさしいあまさ!
ふたをして
中火で
10分
シナモンや
レーズンを
お好みで

大学いも

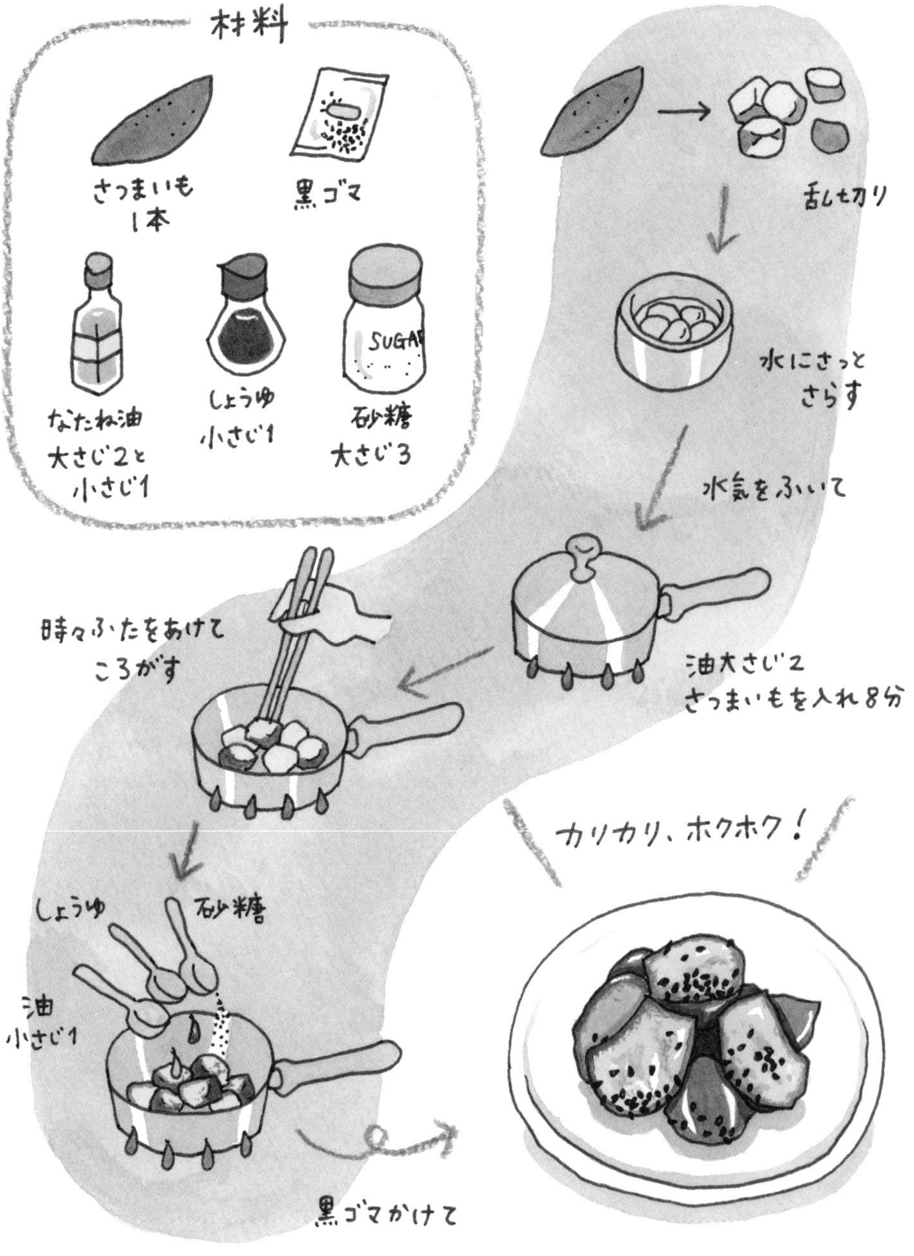

材料
さつまいも
1本
黒ゴマ
なたね油
大さじ2と
小さじ1
しょうゆ
小さじ1
砂糖
大さじ3
乱切り
水にさっと
さらす
水気をふいて
油大さじ2
さつまいもを入れ8分
時々ふたをあけて
ころがす
しょうゆ
砂糖
油
小さじ1
黒ゴマかけて
カリカリ、ホクホク!

10月　みそ

あれっ?
ばあばの畑に枯れた枝豆があるよ。
ああ、これは大豆だよ。
サヤをふってみて、中の豆がカラカラと音を立てていたら収穫時だよ。

実はね、枝豆と大豆ともやしは同じものなんだよ。
枝豆
緑色の若い豆
成熟
大豆
茶色く乾いた豆
発芽
もやし
大豆から芽が出たもの
見ためも味も全然ちがうねぇ。
日本には大豆を使った食べものがたくさんあるよね。
とうふ
油あげ
あつあげ
そのなかでも毎日の食卓に欠かせないのが
みそ

みその作り方

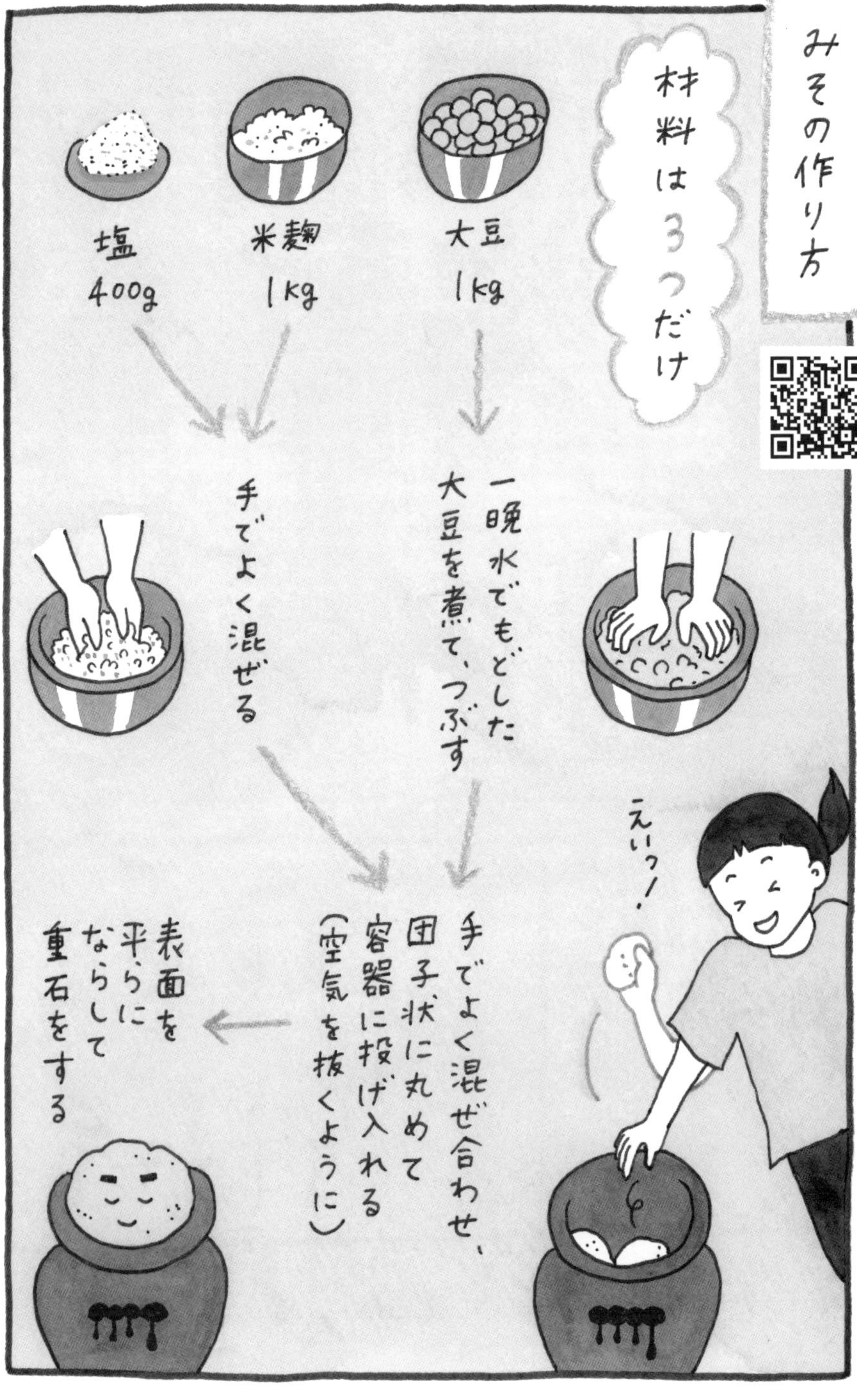
材料は3つだけ
大豆 1kg
米麹 1kg
塩 400g
一晩水でもどした大豆を煮て、つぶす
手でよく混ぜる
えいっ!
手でよく混ぜ合わせ、団子状に丸めて容器に投げ入れる（空気を抜くように）
表面を平らにならして重石をする

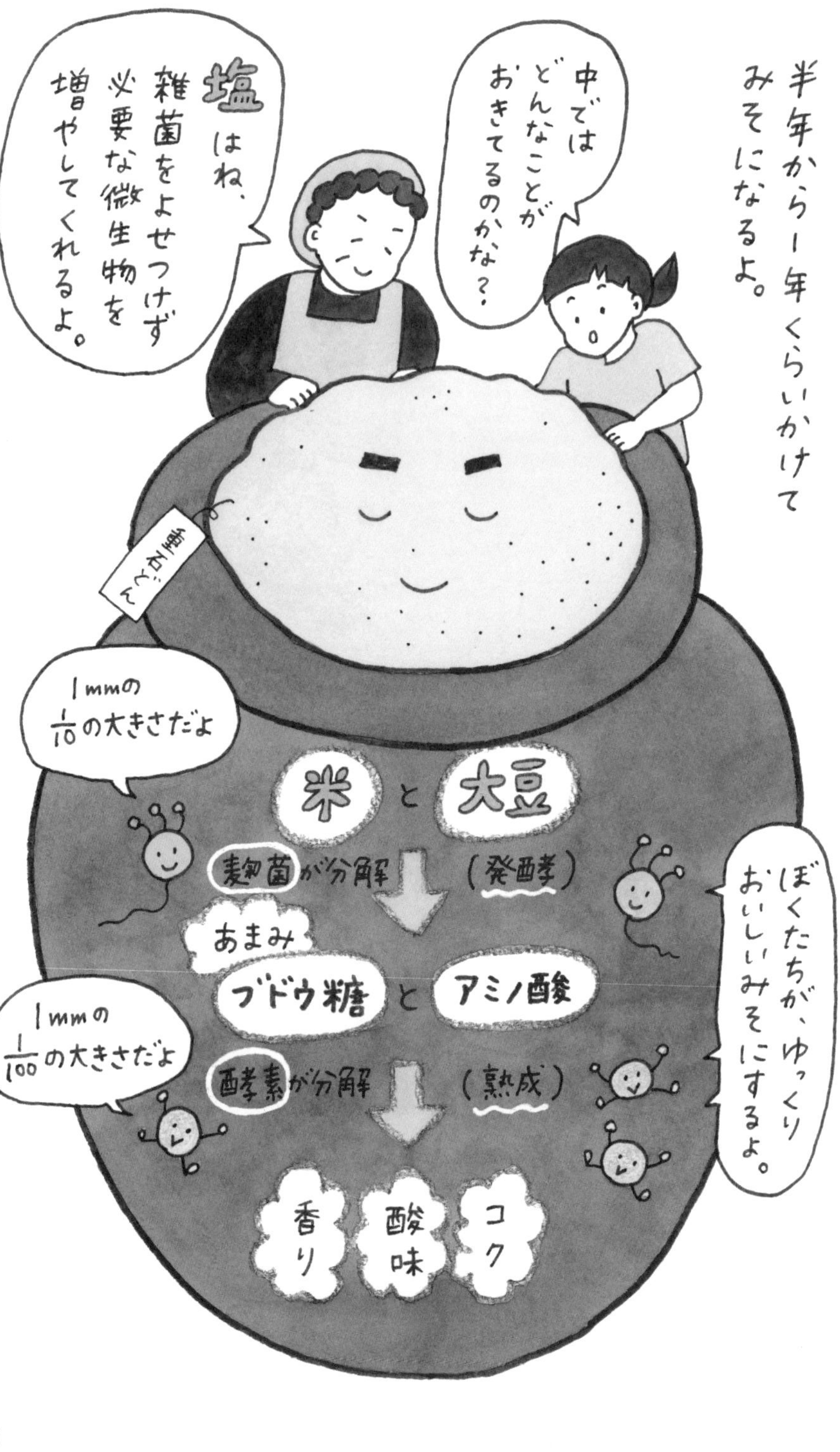
半年から1年くらいかけて
みそになるよ。
中ではどんなことがおきてるのかな？
塩はね、雑菌をよせつけず必要な微生物を増やしてくれるよ。
重石どん
1mmの$\frac{1}{10}$の大きさだよ
米と大豆
麹菌が分解
（発酵）
あまみ
ブドウ糖とアミノ酸
1mmの$\frac{1}{100}$の大きさだよ
酵素が分解
（熟成）
香り
酸味
コク
ぼくたちが、ゆっくりおいしいみそにするよ。

みそ汁とごはん、
そして少しのつけもの。
一汁《いちじゅう》一菜《いっさい》
というよ。
これが日本食の基本、
おいしさの基本。
具だくさんのみそ汁はそれだけで栄養満点。具材を変えていろんな味わいを楽しめる。
ねぎと油あげ
しじみ汁
豚汁
好きな具材を入れて、かんたんにできるみそ汁を作ってみよう。

よしこばあばの てげてげみそ汁
① 時間のある時に、大きな鍋で いりこと 野菜の汁を たくさん 煮ておく
② タッパーに分けて 保存しておく
③ 小さい鍋に 食べる分だけ入れて 温め、みそをとく
「大鍋で作って 小鍋で食べる」だね。
いりこも 丸ごと 食べよう!
料理は てげてげでよかが。
(だいたいで良いんだよ。)
それが 毎日続ける コツなのよ
いりこも おいしい!
なるほど

みそキャラメルソース

材料
みそ
20g
バター
20g
SUG
砂糖
100g
水
20ml
牛乳
100ml
鍋をゆすりながら
火にかける
全体が茶色くなったら
火を止めてゆする
少しずつ
入れる
火を止めて入れ、よく混ぜる
みその香りがするまで温める
アイスにかけて!

みそクッキー

卵、乳製品
不使用

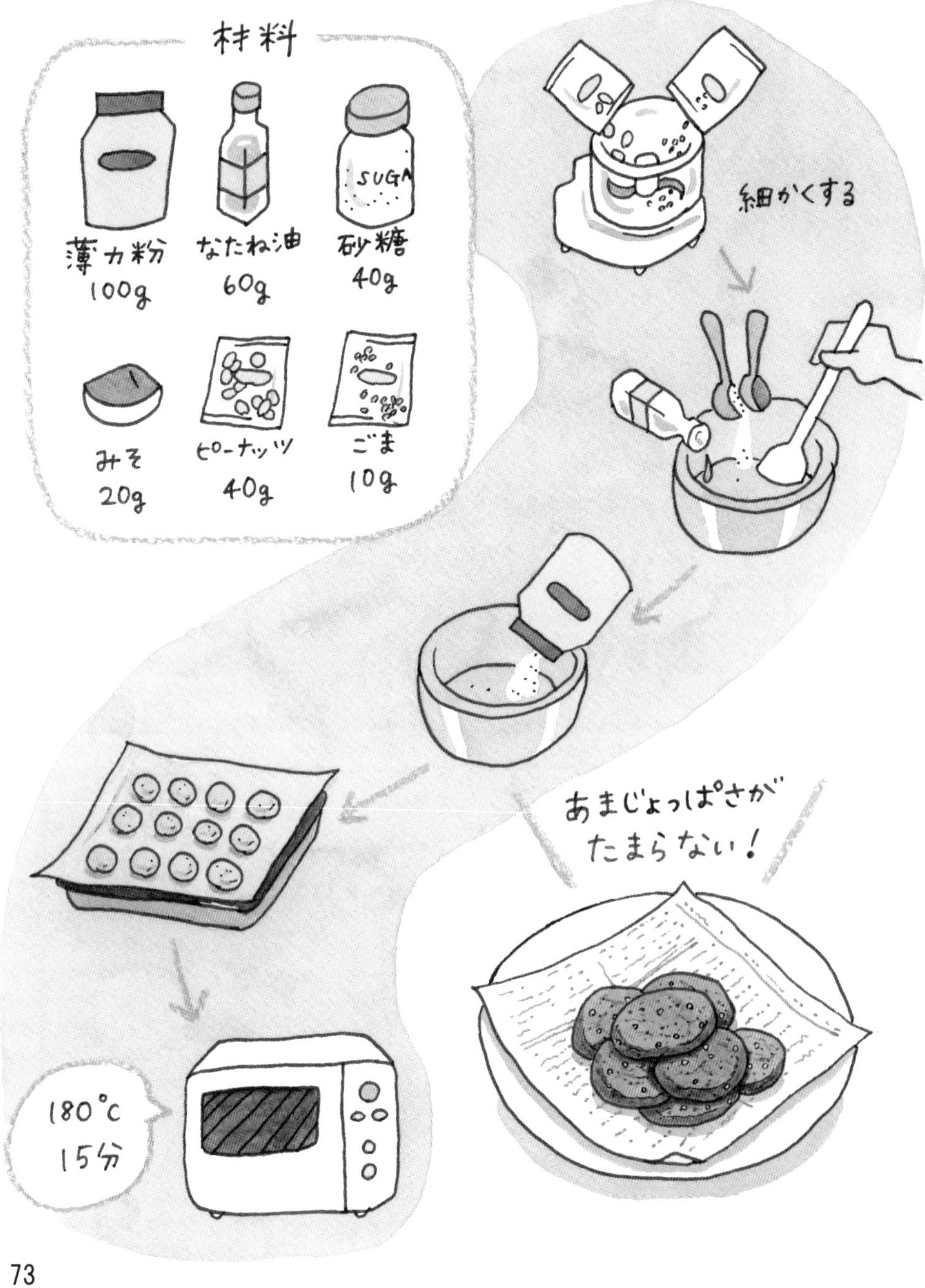
材料
SUGA
薄力粉
100g
なたね油
60g
砂糖
40g
みそ
20g
ピーナッツ
40g
ごま
10g
細かくする
あまじょっぱさが
たまらない！
180℃
15分

11月 こんにゃくと甘酒

お米の収穫が終わり、
豊作に感謝して
村々のお祭りが
はじまるころは

こんにゃくの
煮しめが
おいしい
季節。

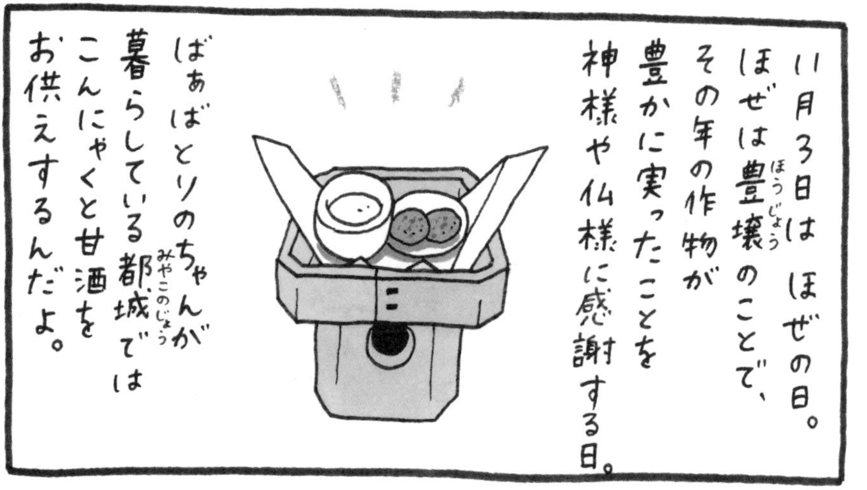
11月3日は ほぜの日。
ほぜは豊壌《ほうじょう》のことで、
その年の作物が
豊かに実ったことを
神様や仏様に感謝する日。
ばあばとりのちゃんが
暮らしている都城《みやこのじょう》では
こんにゃくと甘酒を
お供えするんだよ。

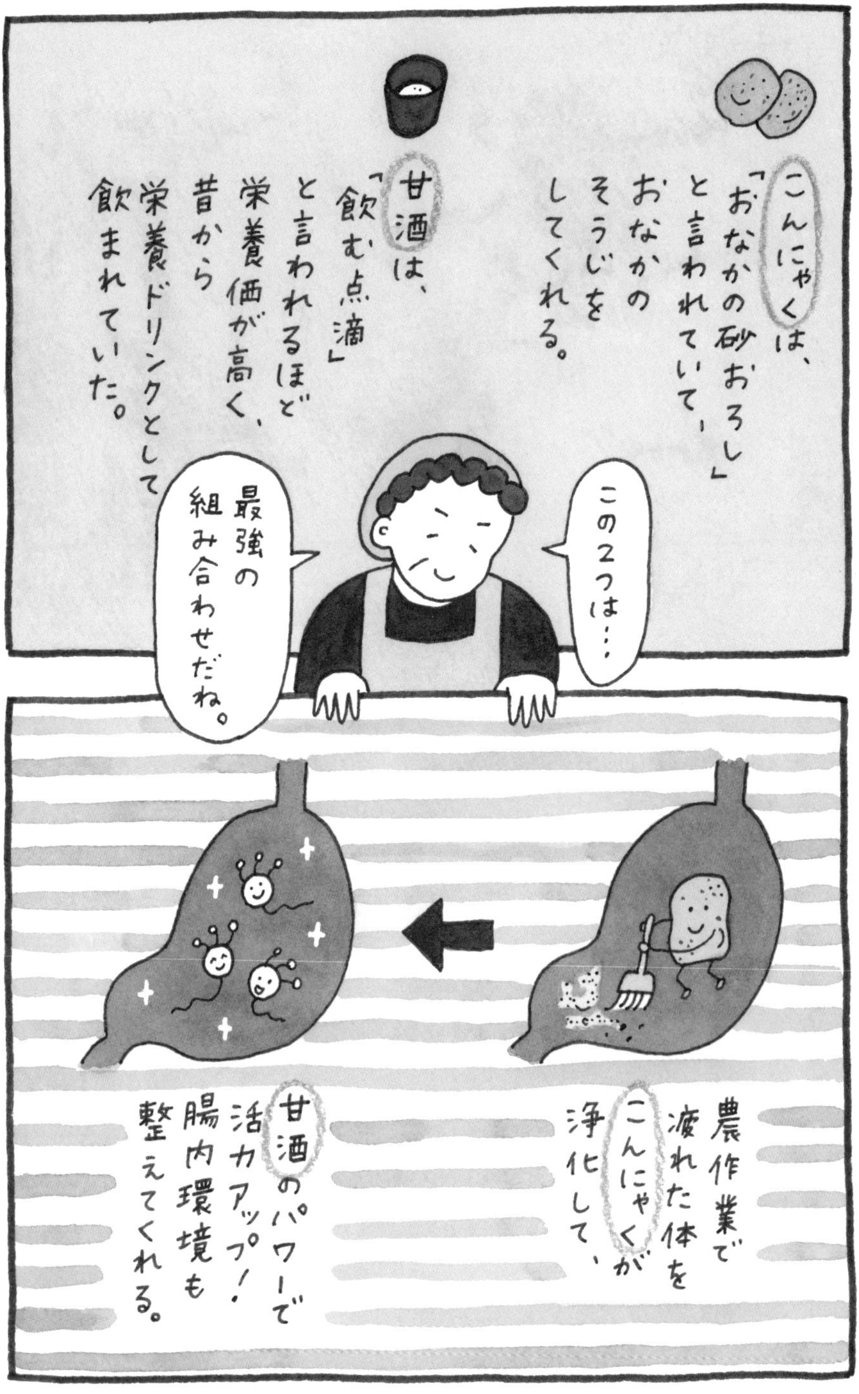

こんにゃくは、「おなかの砂おろし」と言われていて、おなかのそうじをしてくれる。
甘酒は、「飲む点滴」と言われるほど栄養価が高く、昔から栄養ドリンクとして飲まれていた。
この2つは…
最強の組み合わせだね。
農作業で疲れた体をこんにゃくが浄化して、
甘酒のパワーで活力アップ！腸内環境も整えてくれる。

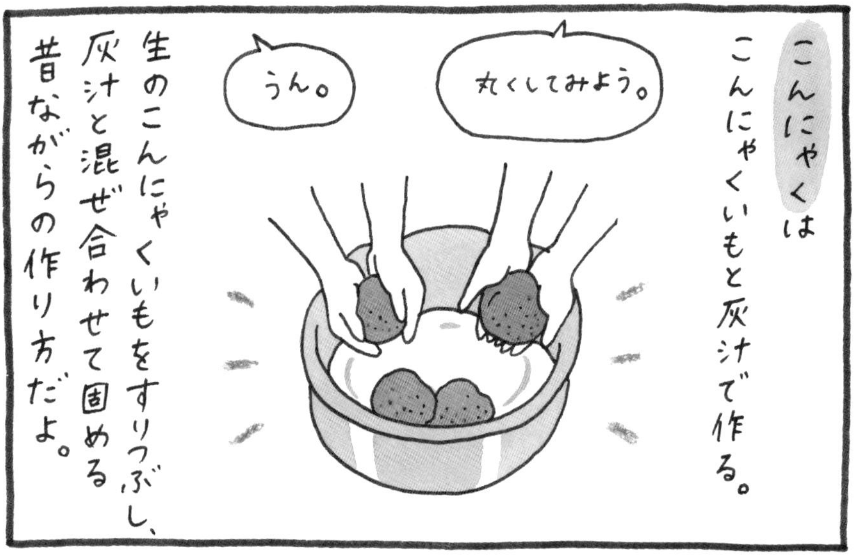
こんにゃくは
こんにゃくいもと灰汁で作る。
丸くしてみよう。
うん。
生のこんにゃくいもをすりつぶし、
灰汁と混ぜ合わせて固める
昔ながらの作り方だよ。

こんにゃくいもは、
こんにゃくの材料としての
大きさになるまで
2、3年かかる。
そのうえ 生のいもは、
さわるとかゆくなったり
痛くなったりするほど
刺激が強くて、
そのままでは食べられない。
灰汁を入れたり、ゆでたりして
プルプルのおいしさに
なることを考えた
先人の知恵はすごいね。
1年めはじゃがいもくらいの大きさだよ。
2、3年
ゴツゴツ
子いも
直径15cmくらい

甘酒は、
米を米麹で発酵させたもの。
離乳食にも
「酒」というけれど、
アルコールは入っていないから
子どもも安心して飲めるよ。
（酒粕の甘酒はアルコールが入っている）

米は、ばぁばの田んぼで
あひる農法で作ったものだよ。
あひる農法とは・・・
あいがも農法と
同じように、
田んぼにあひるを
放飼して
無農薬の米を
育てる方法のこと。
あひるが雑草や
虫を食べてくれて、
そのフンが
天然の肥料になって
元気な稲が育つんだよ。

米麹は、この米に麹菌をくっつけたもの。
米麹ってお米に白いフワフワしたものがついていて、カビみたいに見えるねぇ。
そうだね、麹菌はコウジカビといってカビの一種なんだけど、人の体に良い発酵食品を作ってくれるんだよ。
おなかにやさしいよ〜
温暖多湿な日本の気候で生まれる菌で、日本の「国菌」に認定されているよ。
日本にだけいるよ〜
昔から日本ではコウジカビをうまく利用して、いろんな発酵食品を作ってきたね。
酒
みりん
発酵のちからが日本の食文化を支えているといえるよね。

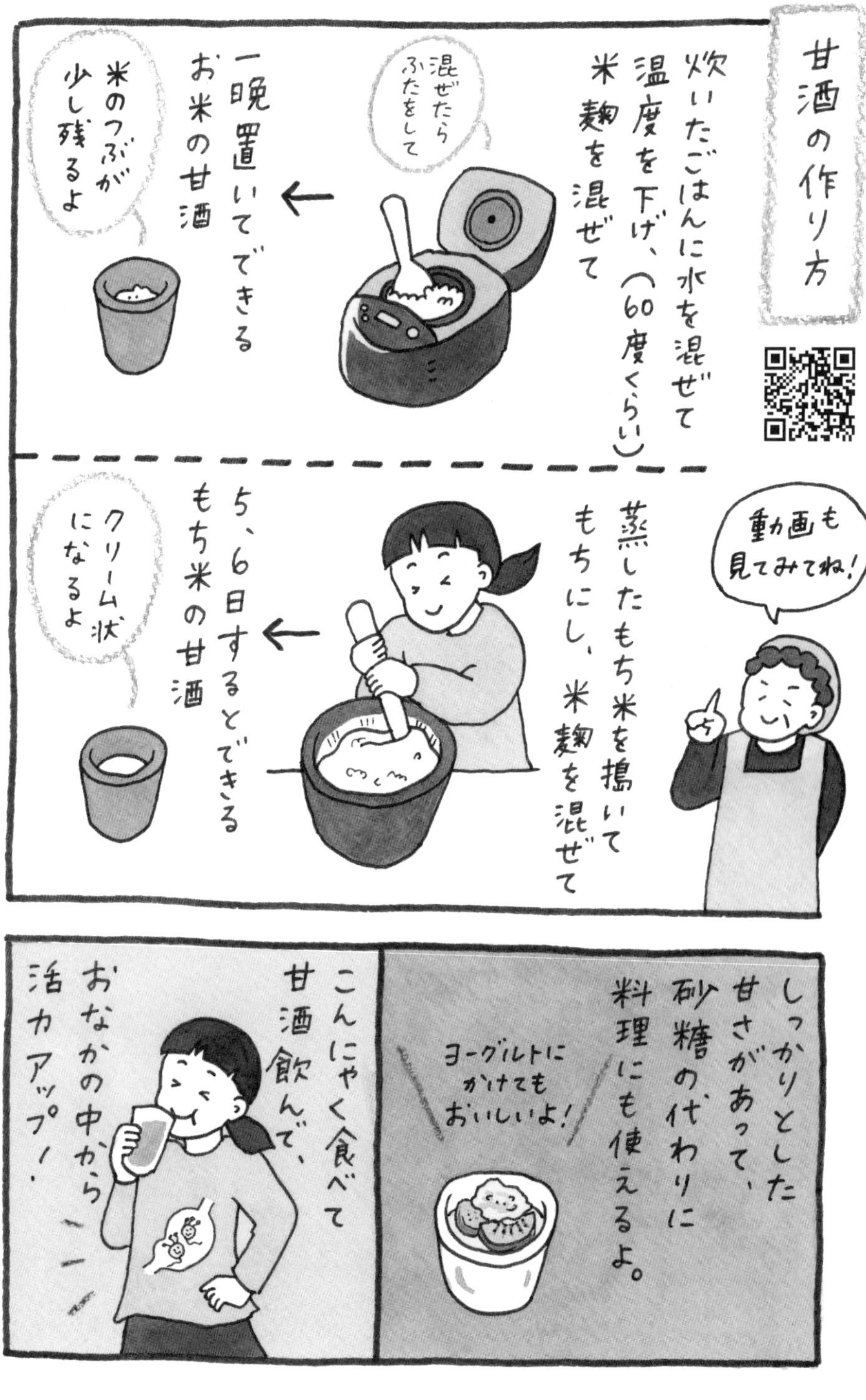
甘酒の作り方
炊いたごはんに水を混ぜて
温度を下げ、(60度くらい)
米麹を混ぜて
混ぜたら
ふたをして
一晩置いてできる
お米の甘酒
米のつぶが
少し残るよ
動画も
見てみてね!
蒸したもち米を搗いて
もちにし、米麹を混ぜて
5、6日するとできる
もち米の甘酒
クリーム状
になるよ
しっかりとした
甘さがあって、
砂糖の代わりに
料理にも使えるよ。
ヨーグルトに
かけても
おいしいよ!
こんにゃく食べて
甘酒飲んで、
おなかの中から
活力アップ!

甘酒パンケーキ

材料
HM
ホットケーキの粉
150g
甘酒
100ml
卵1コ
HM
ぷつぷつしたら
ひっくり返す
はちみつかけて
めしあがれ!

甘酒ドレッシング

2つ

材料

- 甘酒 大さじ3
- オリーブオイル 大さじ2
- 酢 大さじ1
- 塩
- こしょう

野菜をもりもり食べよう！

材料

- 甘酒 大さじ1
- オリーブオイル 大さじ$\frac{1}{2}$
- プレーンヨーグルト 大さじ2
- 塩
- こしょう

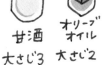

冬のおはなし

霧島の山から冷たい風が吹いてきて、木の葉がハラハラと舞い落ちる季節になると、ばぁばは「葉っぱのフレディ」（レオ・バスカーリア作）を思い出すのよ。

春に芽ぶき、夏に元気な葉を広げ、秋には色あざやかに紅葉。そして冬には散っていく葉っぱのおはなしよ。

この「フレディのいのちの旅」のおはなしは、少しむずかしいかもしれないけれど、ばぁばはその続きを考えてみたのよ。

冬に散った葉っぱのフレディは、やがて土にもどっていくのよ。

たった1グラムの土の中には数億の目に見えない小さな生き物がいて、長い時間をかけて土ができる。その土に種をまいて新しいフレディやばぁばたちが食べている野菜などがなつのよ。どんな小さないのちにも大切な役目があり、目があって生きていると思うの。

寒い冬の次には必ず温かい春がくる。

さぁ、年越しそばを食べて、新しい年を迎える準備をしましょうね。

12月 そば

北風に吹かれながら冬支度《ふゆじたく》の薪《まき》をつみあげたら、
年越そばを食べよう。

そば打ちは、そばを打って50年の達人、じいじに教えてもらおう。
おいしいそばの3たて
粉のひきたて
そばの打ちたて
そばのゆでたて
3たてのそばを食べるには、そばは自分で打とう！

じいじは霧島山《きりしまやま》のふもとで
50年前に がまこう庵《あん》という
おそば屋さんをはじめたんだよ。
がまこう庵

霧島山のふもとは、
そばを育てるのに最適な環境なんだ。
朝霧がたつ昼夜の温度差は
良質で香り高いそばを育ててくれるし、
山には豊富に水が蓄えられていて
湧水がたくさん出るんだ。

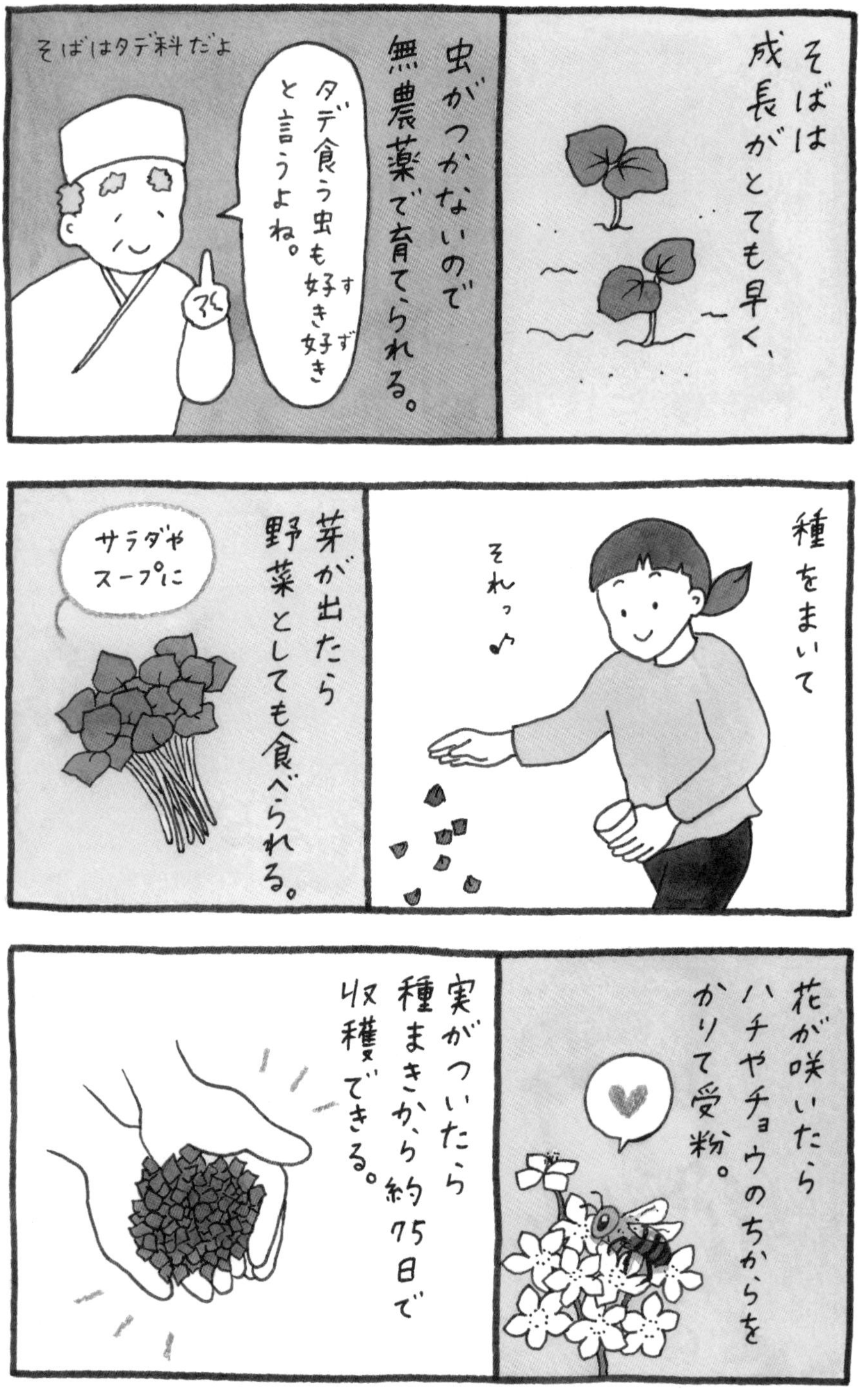

そばは
成長がとても早く、
虫がつかないので
無農薬で育てられる。
タデ食う虫も好《す》き好《ず》き
と言うよね。
そばはタデ科だよ
種をまいて
それっ♪
芽が出たら
野菜としても食べられる。
サラダや
スープに
花が咲いたら
ハチやチョウのちからを
かりて受粉。
実がついたら
種まきから約75日で
収穫できる。

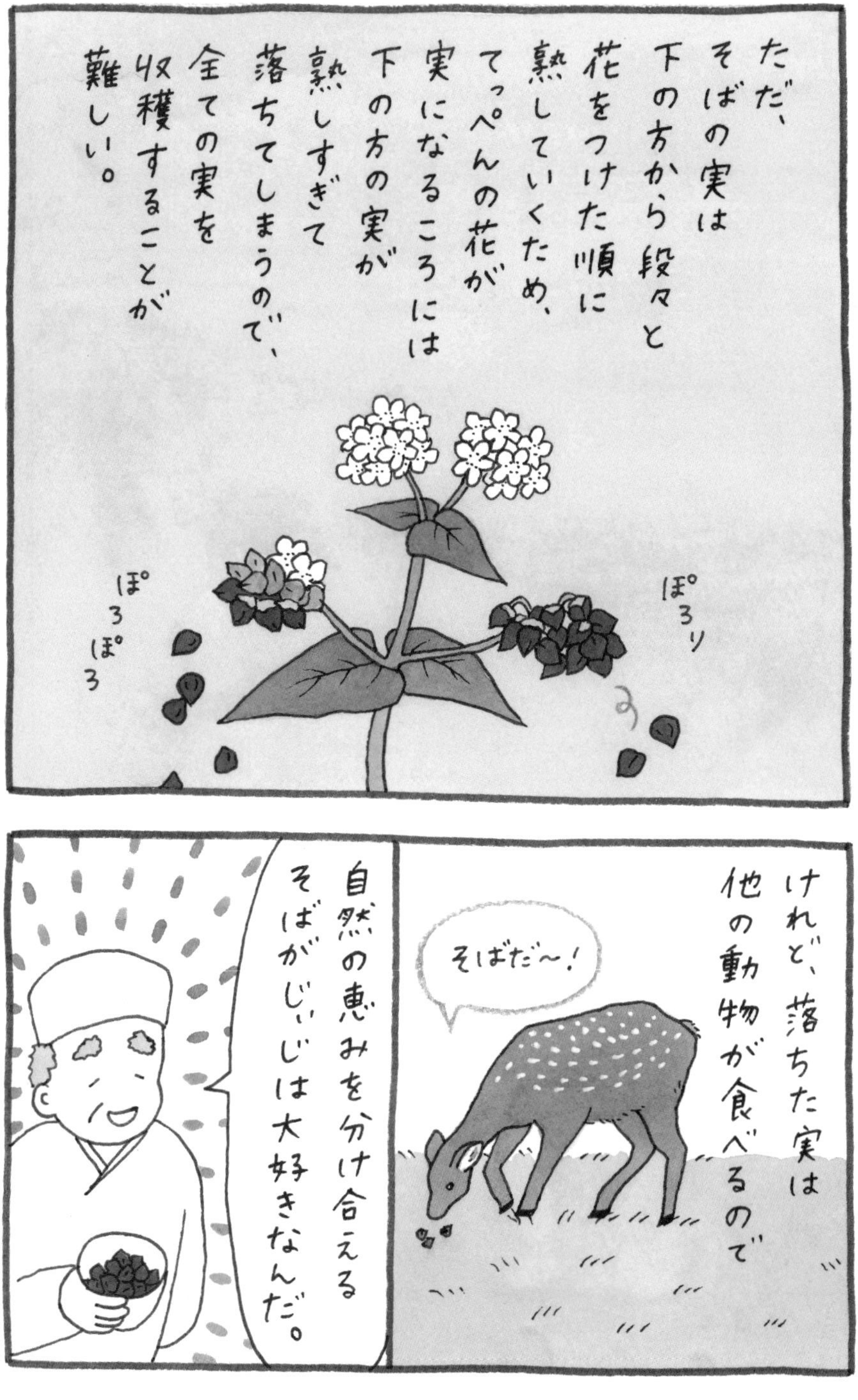
ただ、
そばの実は
下の方から段々と
花をつけた順に
熟していくため、
てっぺんの花が
実になるころには
下の方の実が
熟しすぎて
落ちてしまうので、
全ての実を
収穫することが
難しい。
ぽろり
ぽろぽろ
けれど、落ちた実は
他の動物が食べるので
そばだ〜!
自然の恵みを分け合える
そばがじいじは大好きなんだ。

がまこう庵のこだわる
身土不二《しんどふじ》のそばは、
人にも地球にもやさしい。
遠く海外からくる作物は、
途中で腐ったり
虫がついたりしないように
大量の農薬がかけられていて、
(ポストハーベスト)
運ぶときに出される
たくさんの排気ガスは
地球を汚してしまう。
(フードマイレージ)
苦しいよ〜〜
汚さないで〜〜

この土地で採れたそばをこの土地から湧き出る水で打つ。これこそがおいしさの秘訣でこの土地を、地球を守ることでもあるんだね。
できるだけ食べるものを自分で作ることは安心、安全。

そばの香りがしてとってもおいしいね!
ねっ♪
そばをゆでる時に栄養がお湯に出るからそば湯も飲もうね。

そばうち

材料
そば粉
500g
水
250cc弱
（粉の半分より少なめに）
2~3回に分けて入れる
まとめる
打ち粉をしてのばす
たたむ
もう一度たたんで
切る
ゆでる
水でしめる
3たてそばは絶品!

ガレット

材料
そば粉 100g
水 200cc
塩 ひとつまみ
はちみつ 小さじ1
卵 1コ
チーズ 20g
ハム 2枚
水半分
粘るまで混ぜ、30分寝かせる
残りの水
よく混ぜ
両面焼く
いろいろ包んで楽しんで!

1月 七草粥

あけましておめでとう。りのちゃん、お正月はどうだった？
ごちそういっぱい食べて、ちょっと太っちゃった〜。どうしよう〜。

それじゃあ七草粥を作ろうか。

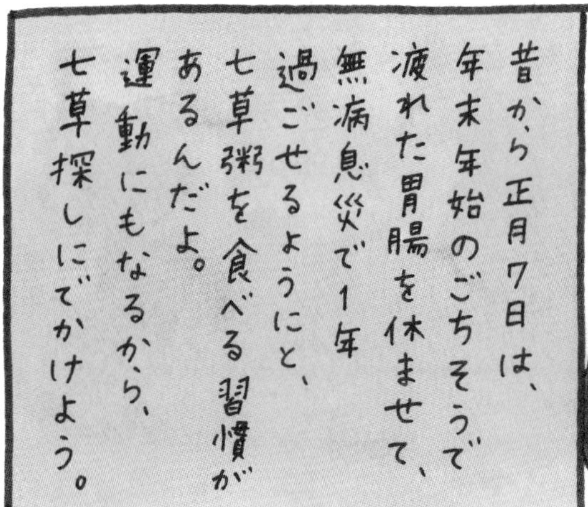
昔から正月7日は、年末年始のごちそうで疲れた胃腸を休ませて、無病息災で1年過ごせるようにと、七草粥を食べる習慣があるんだよ。運動にもなるから、七草探しにでかけよう。

まずは、ばあばの畑ですずなとすずしろを採ろう。
すずなはかぶで、すずしろは大根のことなんだね。
つぎは山に行って、なずな（ぺんぺん草）
小さい頃音遊びした草だ。
ごぎょう（ははこぐさ）
フワフワしてるねえ。
はこべら（ひよこ草）
鶏が好きな草だね。
ほとけのざ（こおにたびらこ）を見つけたら・・・
地面にはりつくように生えてるねえ。

川へ行って、せりを見つけよう。
あったよ〜。
やっと見つけたね。
最近ではスーパーマーケットで七草がセットになって売られているけれど、
七草
自然の中で探すのはひと苦労…。
コンクリートで固められてしまった…
七草が見つからなかったら、他の野菜で代用して作ってね。
わたしたちがふだん食べている野菜もずっと昔は野の草で、土から自然に生えていたんだよ。

土はどうやってできる？
太陽、雨、風によって
岩が細かくなる
ここに
生きものが
やってくる！
分解するよ〜
コケ
バクテリア
ここに、さらに
たくさんの
生きものがやってくる！
放線菌
糸状菌
カビ
ふん
死がい
落ち葉、
枝
食べる〜
みみず
線虫
分解されてどんどん
つみ重なって…
ふわふわ栄養たっぷりの
土になる！
中にはたくさんの
生きものがいるよ！
1cmの土を作るのに
100年かかるんだ！

たくさんの生きものが作った土でこの七草は育ったんだね。
さぁ、七草がそろったから七草粥を作ろう。
南九州、都城《みやこのじょう》では七草粥のことをななとこずしとも言うんだよ。
ずしは雑炊のことで、この地方の七草粥は七草にたっぷりの野菜、米にもちも加えて具だくさんで作るんだ。

30年位前まではね、
7歳になった子どもが
晴れ着を着て、
重箱を持って、
ご近所7軒を回って
ずしをもらう、
という習わしがあったの。
ずしください。
ご近所みんなで
子どもたちの成長を
お祝いしたんだね。
7《なな》つのところから
もらうずしだから
ななとこずしと
いうんだね。
りのちゃんのお父さんが7歳のとき

今はこの習わしが
なくなりつつあるけれど…
ななとこずしのような
郷土料理を作って
伝えていくことで、
みんなで子どもの成長を
見守る温かい想いは
続いていくといいなあと
ばあばは願っているよ。
できたよ～♪

基本の 七草粥

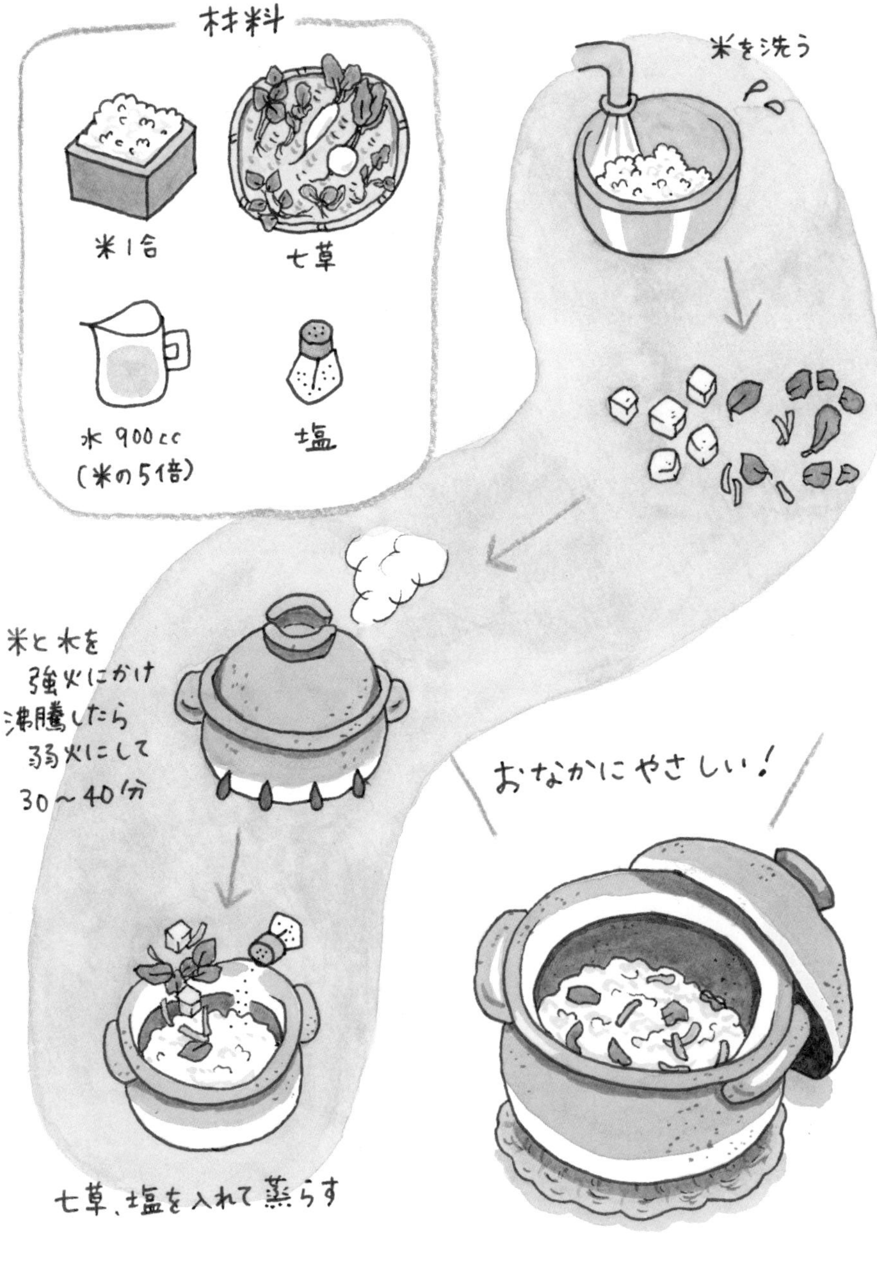
材料
米1合
七草
水 900cc
(米の5倍)
塩
米を洗う
米と水を
強火にかけ
沸騰したら
弱火にして
30〜40分
おなかにやさしい!
七草、塩を入れて蒸らす

炊飯器で簡単

ななとこずし

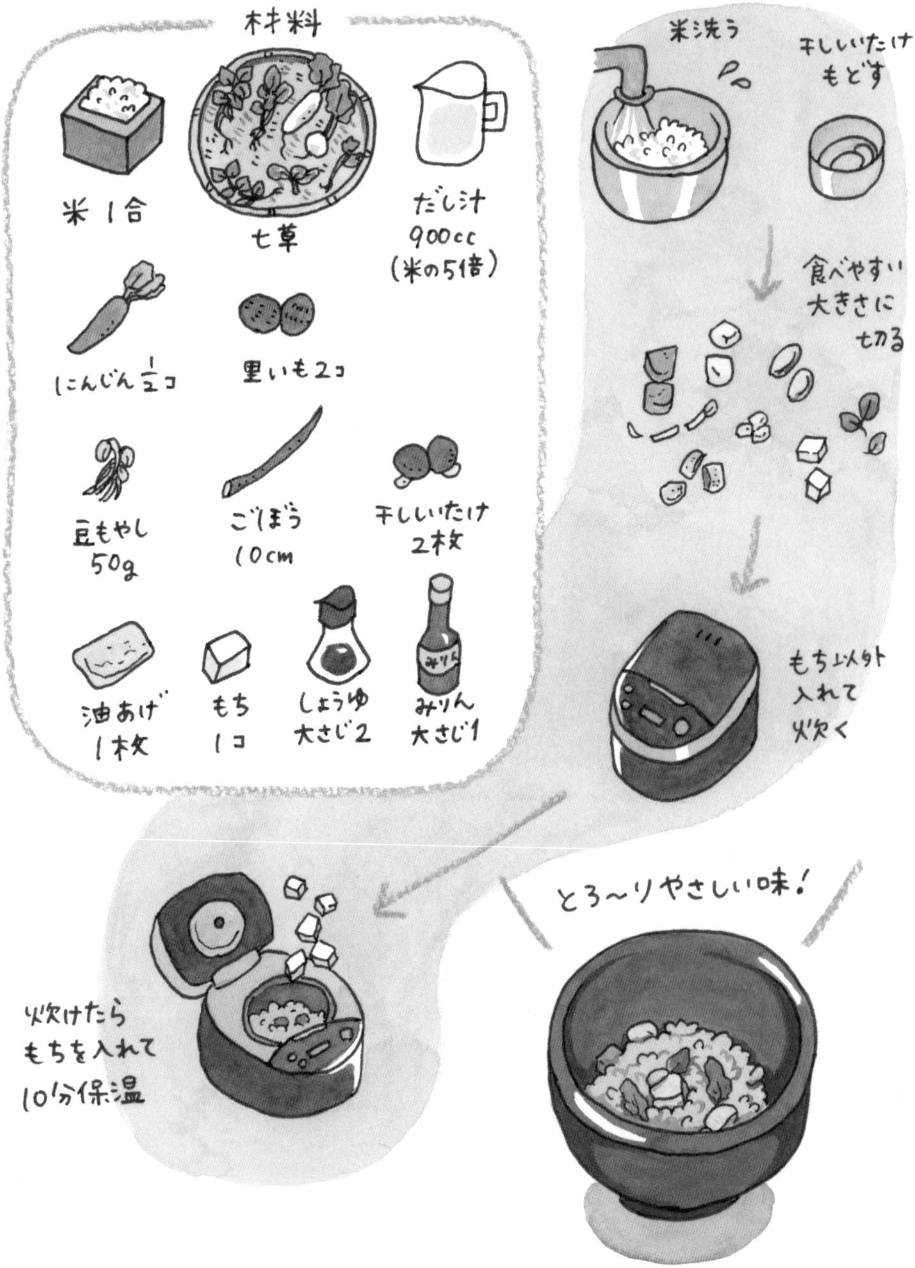

材料
米1合
七草
だし汁
900cc
(米の5倍)
にんじん$\frac{1}{2}$コ
里いも2コ
豆もやし
50g
ごぼう
10cm
干しいたけ
2枚
油あげ
1枚
もち
1コ
しょうゆ
大さじ2
みりん
大さじ1
米洗う
干しいたけ
もどす
食べやすい
大きさに
切る
もち以外
入れて
炊く
炊けたら
もちを入れて
10分保温
とろ~りやさしい味!

2月

鶏《にわとり》

ばあばの家には鶏小屋があって、
毎日新鮮な卵が手に入る。
この鶏たちはうまれた卵を孵《ふ》化《か》させてヒナから育てているんだ。
ヒナは畑の野菜くずや米ぬかを食べて大きくなるよ。
おいしい!

昔はどの家でも鶏を飼っていて、卵を食べるのはもちろん、
お客さんが来た時には自分の家の鶏をさばいて出すというのが一番のごちそうだったの。
食事をする時になにげなく口にしている「いただきます。」という言葉。
これは、他の生きもののいのちをいただくということなんだね。

野菜を食べることも、そう、
植物のいのちをいただいている。

わたしたちが毎日
食べているものには、
全てにいのちがある。

「いただきます。」は、これから食べる
植物や動物に対しての感謝の言葉。

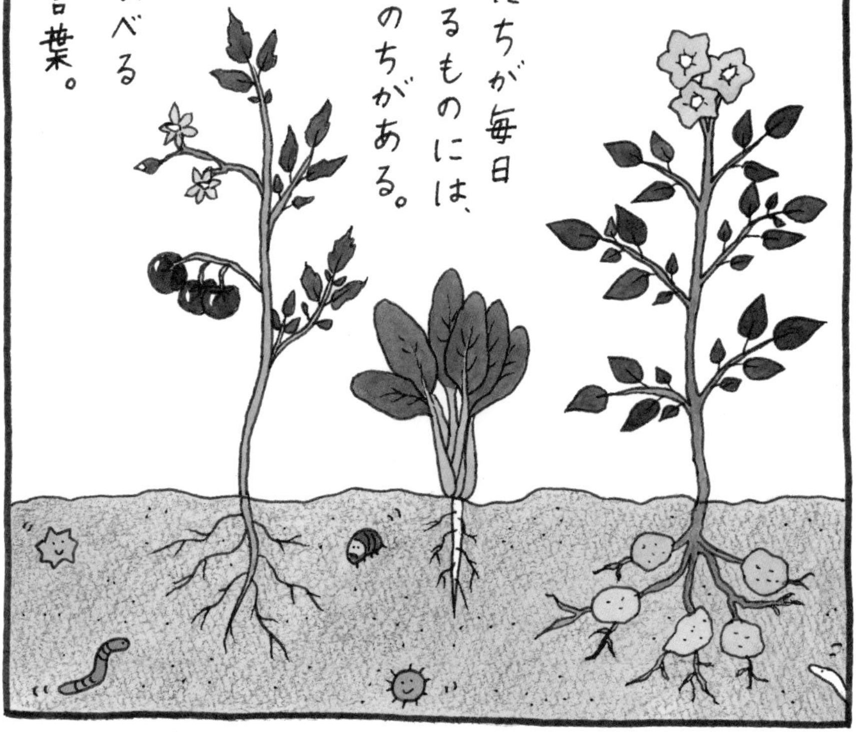

食べることは 生きること。
いただいたいのちによって
自分たちが生きていることを
感じよう。
たくさん食べて
大きくなるよ～！
いただくいのちをムダにせず
残さず食べよう。

食材は
どこからきたのか…？
食べものを作る人、
運ぶ人がいることを
考えてみよう。

そして、食べ終わったときの「ごちそうさま。」という言葉。
馳走は走り回るという意味。食材をそろえるために動いてくれて、手間ひまかけて料理してくれた人への感謝の言葉。
それと、無事に食事できていのちをつなぐことができたことへの感謝の言葉。

今日も いのちを 「いただきます。」
そして、「ごちそうさま。」
よしこばぁばやじぃじとの田舎暮らしは、いのちの原点を五感で体験して愉《たの》しむことを教えてくれる。
それは、生きて生かされることに感謝する暮らしの喜びなんだ。

チキン南蛮

材料
鶏肉
卵
小麦粉
油
小麦粉まぶす
溶き卵に
くぐらせる
揚げる
宮崎の名物！
甘酢に
くぐらせる
タルタルかけて

こっちは
タレとソースの
作り方だよ

甘酢 材料
SUGA
しょうゆ
大2
砂糖
大3
酢
大2.5

砂糖を
しっかりとかす

ゆで卵に

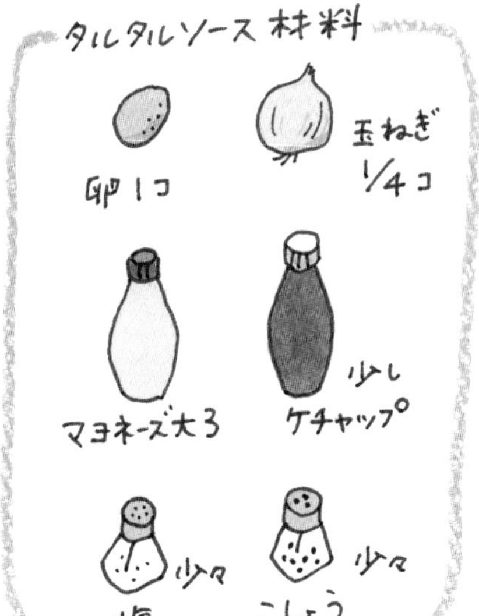
タルタルソース 材料
卵1コ
玉ねぎ
1/4コ
マヨネーズ大3
少し
ケチャップ
少々
塩
少々
こしょう

あとがき

地球温暖化による気候変動・異常気象による災害が世界中で頻発している今、「これからの子どもたちの暮らしや未来は大丈夫だろうか。」と憂う日々である。

市場主義優先の経済の中で豊かで便利な生活を追及してきた私たち大人の行動が起因しているこの世界的危機を傍観してはならない。

「ＳＤＧｓ」（持続可能な開発目標）の大題目をかかげるだけではどうにもならない。

まずは日々の暮らしの見直し、先人に学び行動・実践せねばならない。

今まで私は大人向けに田舎暮らし講座など幾多の教室を三十年開催してきた。

学校などに出向き、環境学習のお手伝いもしてきたが、子どもたちにどれだけ伝えられたかと思う。頭で考えるだけでなく、行動・実践である。

「知る」ことは「感じる」ことの半分も重要ではない、と環境問題を訴えた『沈黙の春』で知られるアメリカの生物学者レイチェル・カーソンが甥のロジャーに贈ったメッセージが「センス・オブ・ワンダー」である。

自然のなかで「これは何？すごい！」と驚き、五感で感じることが今の子どもたちに少なくなってきている。田んぼに稲を育てて、お米を収穫し、かまどでご飯を炊く体験に子どもたちはいろいろな五感（視覚・聴覚・嗅覚・味覚・触覚）を感じることができる。

まさに自然とともに生きる田舎暮らしは子どもにとって「生きる力」になると思う。

私の孫との日々を熊谷美樹さんとの出会いによってマンガ本を出版することができた。

彼女との出会いも運命的である。当地に関東から移住初日にもちなが邸の民泊に泊まったお礼の絵手紙をいただいた。その時私はこの田舎暮らしのマンガ本をひらめいたのである。

都会育ちの田舎暮らし初体験の美樹さんの尽力とその家族の協力あってこの本は出版できたことを感謝したい。

～講座案内～

①田舎暮らしを愉しむ講座

身近な自然のなかでその恵みをいただき先人の知恵を学び、愉しむ講座です。旬を感じ、いただきます。
「食」と「環境」を学び、実践するエコライフのスタートです。

毎月1回　第3金コース、土コース（年間2コース）
10:00～13:00

---

②子ども田舎暮らし体験講座

土にふれ、生きものと出会い、いのちをいただく。

毎月1回　第1日曜日
10:00～13:00

---

③べっぴん食講座

毎日の食事に取り入れたい摘み草料理やハーブ、薬膳、発酵食のヒントがいっぱいです。

毎月1回　第2金曜コース、土曜コース（年間2コース）
10:00～13:00

インスタグラム　フェイスブック　YouTube　都城市移住・定住支援サイト

出典　農林水産省ウェブサイト
国土交通省北海道開発局ウェブサイト

もちなが邸

明治時代の歴史的建造物がカフェに変身（国の登録有形文化財建造物）
～庄内の宝、築 126 年の歴史ある石垣を守り次代の子供たちにつなぎたい～

霧島山麓に広がる里、都城盆地に庄内町があります。
そこに築 130 年の総面積 680 坪の「持永邸」がありました。
明治時代の建物と有形文化財の美しい石垣は、地域の歴史的遺産といえます。
NPO 法人手仕事舎そうあいは、この保存と利活用で地域を元気にし、次代の子どもたちに継承してほしいと思います。日本人が日本人となる食文化の伝承、地域のたまり場、開かれた公民館の活動をしております。

所在地／〒885-0114　宮崎県都城市庄内町 12625
電話／0986-37-0002
営業時間／10:00～15:00（ショップ）
　　　　　11:30～14:00（お食事）
定休日／毎週火曜、水曜

がまこう庵

～自然を生かし、自然に生かされて～

がまこう庵は、人はその土地、その季節で採れたもの（いのち）をいただく身土不二（しんどふじ）の精神を大切にします。
地そばを大切に石臼で挽き、霧島の湧水で打ち、茹でる三立てそばの「生蕎麦」「田舎蕎麦」があります。
自家農園採れの農産加工品や天然酵母パンなどの販売もしています。

所在地／〒885-0223　宮崎県都城市吉之元町 5186
電話／0986-33-1226
営業時間／10:00～16:00
定休日／火・第 1 水曜（祝日の場合は営業）

かもうよしこ

NPO 法人手仕事舎そうあい代表
町家カフェもちなが邸を経営する傍ら、月一度の「田舎暮らしを愉しむ講座」や「子ども田舎暮らし体験講座」、「べっぴん食講座」を開催。県内外での講演会やワークショップ、各種委員会などでも精力的に活動中。
著書に『かもうよしこの田舎暮らしを愉しむ』、『かもうよしこの農ある暮らしのすすめ』(共に鉱脈社)。
令和 3 年 9 月 1 日～12 月 12 日宮崎日日新聞『自分史』100 回連載。
都城市移住定住サポーター。

くまがいみき

イラストレーター
国内外を旅しては東京都を拠点として多数の個展、水彩画講師等の経験を経て、令和 4 年 5 月に東京都から宮崎県に移住。
https://www.mikikumagai.com/

かもうよしこの
子どもと田舎暮らし
～いのちをつなぐ食のおはなし～

2022 年 12 月12日　初版発行

原作／蒲生芳子
作画／熊谷美樹

発行者／川口敦己
発行所／鉱脈社
　　〒880-8551　宮崎県宮崎市田代町 263 番地
　　TEL0985-25-1758
印刷・製本／有限会社　鉱脈社
